ZHONGXIAO QIYE ZHISHI CHANQUAN
JIANSHE JI ZHENGCE TIXI GOUJIAN

中小企业知识产权建设

及政策体系构建

赵亚静 王艳舫 ◎ 著

中国社会科学出版社

图书在版编目(CIP)数据

中小企业知识产权建设及政策体系构建 / 赵亚静，王艳舫著. —北京：
中国社会科学出版社，2015.10
ISBN 978 – 7 – 5161 – 6345 – 0

Ⅰ. ①中…　Ⅱ. ①赵…②王…　Ⅲ. ①中小企业 – 知识产权 – 建设 – 研究 –
中国②中小企业 – 知识产权 – 政策体系 – 研究 – 中国　Ⅳ. ①D923.404

中国版本图书馆 CIP 数据核字（2015）第 128228 号

出 版 人	赵剑英	
责任编辑	任　明	梁剑琴
责任校对	周　昊	
责任印制	何　艳	

出　　版	中国社会科学出版社
社　　址	北京鼓楼西大街甲 158 号
邮　　编	100720
网　　址	http：//www. csspw. cn
发 行 部	010 – 84083685
门 市 部	010 – 84029450
经　　销	新华书店及其他书店

印刷装订	北京市兴怀印刷厂
版　　次	2015 年 10 月第 1 版
印　　次	2015 年 10 月第 1 次印刷

开　　本	710 × 1000　1/16
印　　张	13.5
插　　页	2
字　　数	219 千字
定　　价	48.00 元

内容提要

当前，"知识产权已经成为国际经济和企业竞争的一个焦点"（温家宝），成为我国提高自主创新能力、建设创新型国家的核心战略资源；搞好企业知识产权建设关乎国家长远利益乃至兴衰成败，是破解中国经济发展难题的切入点。从世界范围看，自主创新是后发展国家（主要是创新型国家）实现跨越发展的根本动力。我国的实际情况则是，许多中小企业尚处在有"制造"无"创造"的"非知识产权"状态，即知识产权问题十分突出，严重地制约了中小企业自主创新及健康发展。解决上述问题，除了中小企业自身需要"苦练内功"，更需政府的强力介入，即亟须制定并出台有针对性的知识产权（建设）政策体系。

本书重点阐述我国中小企业知识产权建设的基本理论、实际操作与对策研究。

本书理论联系实际，通俗易懂，对中小企业经营决策者及管理者、相关的各级政府部门和行业协会的管理人员、中小企业创办者具有指导意义，同时也可供相关研究者和高校师生参考。

目　　录

绪　论

一　研究问题的提出

世界未来的竞争就是知识产权的竞争，"知识产权已经成为国际经济和企业竞争的一个焦点"（温家宝）。2006年的全国科技大会上，胡锦涛总书记提出，"走中国特色自主创新道路，建设创新型国家"。在党的十七大报告中，胡锦涛总书记又强调，"要提高自主创新能力，建设创新型国家"、要"实施知识产权战略"。在中共中央国务院于2008年6月5日颁布的《国家知识产权战略纲要》中，提出知识产权战略是国家的重要发展战略。温家宝总理在2009年"两会"上进一步将知识产权战略与科教兴国战略、人才强国战略一并作为建设创新型国家所必须实施的国家战略。这表明，知识产权作为国家核心战略资源的重要地位越来越突出，知识产权战略已经成为国家的重要发展战略之一，关乎国家的长远、深层次发展，即关系到国家的兴衰成败，是破解中国经济发展难题的切入点。

贯彻落实《国家知识产权战略纲要》，提高自主创新能力，实现建设创新型国家的目标，关键在企业。目前我国许多企业尚处在有"制造"无"创造"的"非知识产权"状态——全国约有99%的企业没有申请过专利，60%的企业没有自己的商标，拥有自主知识产权的企业仅占企业总数的万分之三。其中，处于"非知识产权"状态的绝大多数则是占全国企业总数99%以上的中小企业。

中小企业在国民经济中的战略地位毋庸置疑，但其知识产权状况却令人担忧：中国绝大多数中小企业知识产权创造水平低下，缺乏拥有自主知识产权的核心技术和品牌；知识产权运营（运用和营销的简称）

和保护水平不高；知识产权战略管理（规划、机构、制度等）基本上处于"真空地带"。这使得我国中小企业的生存发展能力和竞争力薄弱，其实际生命周期普遍短于创新型国家（中小企业）的平均水平。究其原因，一方面，我国诸多中小企业对知识产权建设（包括对发明专利、商标、版权或计算机软件等的创造、运营、保护和管理）还缺乏足够的认识、动力不足是主要内因；另一方面，理论研究的滞后和政府政策的缺失，则是重要外因。

欲破解中小企业知识产权难题，进一步实现可持续发展，一方面需要中小企业"苦练内功"，另一方面更需政府的高度关注和强力介入（企业知识产权具有"准公共物品"性），即需要构建一种包括中小企业、政府、社会服务组织等在内的公共政策，这样才能够有效推进中小企业知识产权建设，促进中小企业又好又快发展。

因此，深入研究中小企业知识产权问题，在探索其发展规律的基础上进一步提出中小企业知识产权建设的促进政策体系框架，就显得尤为迫切和重要。笔者拟定"我国中小企业知识产权建设政策体系研究"这一选题，试图做出较为深入的创新性研究。

二　国内外研究现状

下面，拟从如下方面对相关文献进行阐述：一是关于中小企业界定标准的研究；二是关于中小企业成长理论的研究；三是关于企业知识产权理论的研究；四是关于中小企业政策的研究；五是关于国内外研究现状的评述。

1. 关于中小企业界定标准的研究

万兴亚教授认为，目前世界各国界定企业规模的方法可归纳为两种。第一种方法是客观性标准，即以销售收入、生产能力、从业人数等客观性指标作为划型标准。其中各国的制造业以从业人数为标准带有普遍性；第二种方法是相对性标准（也有人称其为主观性标准），即以行业中的相对份额指标为标准。例如，事先规定某行业大型企业要占10%，其余为中小企业。此后该行业协会（或行业办公室）根据某一指标（如销售额）排序，根据排序的结果来确定是大型企业，还是中小企业。美国曾一度将每个行业中占90%的较小规模的企业定义为

"中小企业"（万兴亚，2005：4）。①

宋阳博士认为，世界各国对于中小企业的界定标准，一般采用两种方法：定量界定和定性界定。定量界定的指标主要涉及三个方面：雇员人数、资产（资本）额及营业额；定性界定主要从以下特征加以定义：活动范围有限、所有权集中、独立决策、自主经营和业主直接管理。我国中小企业的界定同样也是一个复杂的问题（宋阳，2009）。

世界上不同国家与地区在界定中小企业的标准上各有不同，但无一例外地将雇员人数作为界定的标准之一。中小企业界定的定量标准，不同地区、不同时期存在较大的差异，同时经济发展水平和行业等因素都影响了中小企业的界定。

回顾我国政府关于企业规模界定的演进过程，有的学者认为我国政府对于企业规模的划分标准有五次规定（万兴亚，2010），有的学者认为我国有七次调整（马春芳，2003）。两种说法的一致之处在于，都认为我国现行的中小企业标准开始于20世纪50年代初，将划分企业规模的标准界定为企业职工人数，而后的标准按照原国家经济贸易委员会、原国家发展计划委员会、财政部、国家统计局于2003年2月19日联合发布的《关于印发中小企业标准暂行规定的通知》（国经贸中小企〔2003〕143号），该通知明确地界定了主要行业的中小企业的标准。该标准是根据企业职工人数、销售额、资产总额等指标，结合行业特点制订的。

从中国界定中小企业标准的变化过程可以看出，随着经济的发展，国家在不断地调整界定标准，已经形成了统一的中小企业界定标准。不过，随着经济全球化不断推进，信息化、网络化不断向纵深发展，企业规模仍然按照2003年的标准界定，显然没有跟得上科技的飞速发展，中小企业界定标准应该做出相应的动态调整。基于此，2011年7月4日，工业和信息化部、国家统计局、国家发展与改革委员会、财政部联合下发了《中小企业划型标准规定》（工信部联企业〔2011〕300号），将中小企业划分为中型、小型和微型三种，首次在中小企业划型中增加

---

① 梁枫在其硕士论文《中国零售银行发展的系统分析与策略研究》（2006）中标注引用了此观点。

"微型企业"一类，原 2003 年中小企业标准同时废止。新标准增加了微型企业的标准，有利于明确重点，便于出台一系列更有针对性、时效性的优惠政策，加大对小型和微型企业的扶持力度。这次对中小企业划型标准的修订是我国对中小企业划型标准的界定史上涉及面最广、行业面最宽、划型最全的一次。

2. 关于中小企业成长理论的研究

（1）关于中小企业成长定义的研究

陈乃醒等在论及中小企业成长的概念时谈道，对于中小企业这一特殊企业群体成长的研究并不多见。企业成长的研究也就是中小企业成长的研究，企业成长的概念也同样适用于中小企业。并且将企业成长区分为广义和狭义。狭义上理解的企业成长就是指企业规模扩大的过程（陈乃醒等，2001：19）。日本的清水龙应教授则认为，企业成长就是在许多约束条件下经过较长的时间企业规模扩大的过程（清水龙应，1984：23）。

广义理解的企业成长既包括企业规模的扩大，又包含企业素质的提高。例如，我国学者陈佳贵等将企业成长看作是企业"量变"和"质变"的动态过程。在他们看来，企业成长不仅表现为企业生产线、经营单位、职工人数、产品种类、品种、数量、销售收入、地区分布等"量"的增长，而且也表现为先进工艺的采用、先进技术装备的引进、管理手段的改善、职工技术业务水平的改进等"质"的提高（陈佳贵等，1998：277）。

在谈到广义的企业成长时，陈乃醒还谈道，对于中小企业这一特殊的企业群体而言，还应当包括企业数量的增加（陈乃醒等，2001：19）。对此，万兴亚教授认为，企业数量的增加已经超出了"成长"的范畴，应当将其纳入"发展"范畴。这样做，会更合适一些。

在关于企业成长的定义上，其他学者也有精辟论述。如孙学敏认为企业成长是一个不同于简单的规模扩张的复杂调整过程，它是以对企业内外各种关系的平衡调整为实质特征，寻求从不平衡到平衡、从低一级平衡到高一级平衡的平衡发展的过程（孙学敏，2004）。宋阳在商业生态系统理论的基础上，对中小企业成长的内涵进行重新界定。认为中小企业成长是中小企业由小到大、由弱到强、由简单到复杂的发展过程，其内涵包括三个方面：一是中小企业商业生态系统规模由小变大，即系统成员数量增加，成员之间关系的复杂化。二是中小企业商业生态系统结构均衡性增强，即中小企业对系统成员的控制力增强，系统成员之间的联结更为紧密。三是中小企业价值网络增值和创新水平提高，其内在表现为企业技术水平的更新和提高，企业知识储量的增加和学习能力的提高；其外在表现为价值创造的业务目标更新或进化，即以技术密集型为主体的业务目标取代以劳动密集型为主体的业务目标（宋阳，2009）。

综观多位学者的观点，至少有两点可以达成共识：一是企业成长应是企业规模从小到大的过程；二是企业成长还应是企业素质由低到高的过程。

在分析企业成长理论的基础上，万兴亚教授将中小企业成长定义为：所谓中小企业成长，是指当中小企业规模不变的情况下，企业素质由低变高的动态过程。或者，中小企业成长是指当企业素质不变的情况下，企业规模由小变大的过程。

（2）国内外关于中小企业成长理论的研究

国外有关企业成长理论的研究首推法国的吉布莱特（Gibrat，1931），在其代表性的著作《非均衡经济学》中对企业成长（规模）和产业结构之间的关系问题进行了开创性的研究，其研究成果被人们称作吉布莱特定律。国外有关企业理论的研究主要包括与企业成长密切相关的六个部分：融资和法律制度安排、产业演化、技术和知识、转轨经济、信息披露和资本结构，以及环境不确定性。很显然，上述研究也包括中小企业在内。

从目前已有的国内相关学术著作来看，大体上可分为五类：一是研究中小企业发展方面的；二是研究国有中小企业改革（民营化）方面的；三是研究中小企业制度（家族制）创新方面的；四是研究中小企业技术创新方面的；五是有关中小企业经营管理的。

国外有关中小企业研究起步较早，理论文献可谓"浩如烟海"，从产业革命后期的"中小企业淘汰论"到垄断资本主义时期的"中小企业存在论"，再到当代的"中小企业发展论"等，均有诸多阐述。我国学者对中小企业成长理论的研究起步较晚（20世纪90年代），而国外特别是发达国家对此进行研究已近百年，其理论成果不乏真知灼见，对我国有着重要的借鉴意义。

我国学者对国外中小企业成长理论研究，如万兴亚教授认为：按照理论的功能取向将国外中小企业成长理论划分为六个方面：一是中小企业存在论。以张伯伦的"产品差异性理论"、科斯的"交易费用理论"、中村秀一郎的"生产力本位论"为代表。二是中小企业（产业）分工论。以克拉克的"产业分工理论"、赫尔曼的"产业内分工理论"、施太莱等的"中小企业分工论"为代表。三是中小企业规模论。以罗宾逊等的"最佳规模理论"、末松玄六的"最适规模理论"为代表。四是中小企业（经济）进化论。以马歇尔的"生物学理论"、舒马赫的"替代理论"、日本的"适者生存理论"、罗宾逊夫人的"细分化市场理论"为代表。五是中小企业创新论。以阿科斯的"技术轨道转移理论"、卡尔松的"科技进步推动理论"为代表；六是中小企业战略（竞争力）论。以亚当·斯密的"企业分工理论"、威廉姆森等的"系列化理论"、宫本宪一的"内发式发展论"、长岛总一郎的"市场缝隙理论"为代表（万兴亚，2010）。

马春芳将中小企业存在和发展的理论基础归结为：经济进化理论，其代表人物为阿尔弗雷德·马歇尔（Alfred Marshall）、安蒂斯·潘罗斯（E. T. Penrose）、约翰·穆勒（John Stuart Mill）、舒马赫（E. Schumacher）和日本的一些学者；不完全市场理论，以张伯伦（A. Chamberlain）、罗宾逊夫人（Joan Robinson）、威廉姆森（Oliver Williamson）和理查德·尼尔森（Richard Nelson）为代表；规模经济理论，代表性观点为奥斯汀·罗宾逊（Austin Robinson）的企业经营最佳规模论、日本末松玄六的"最适规模理论"、乔治·施蒂格勒（George J. Stigler）的最佳规模论、罗纳德·科斯从交易费用角度对企业最佳规模问题进行的分析；产业（或部门、行业）分工理论，以施太莱（Staley）和莫斯（Morse）、日本学者太田一郎为代表；生产力本位理论，代表性日本学者中村秀一郎、卡尔松（Karlson）、阿科斯（Z. J. ACS）分别从各自不同的角度对中小企业的存在和发展进行了有力的论证。并且认为中小企业的存在和发展是一个极为复杂的经济现象，造成这一现象的原因很多，仅从某一侧面进行论证是不充分的（马春芳，2003）。

综观国外中小企业成长理论，具有如下几个方面的特点：

第一，从理论提出的时间上看，从亚当·斯密提出的《国富论》算起，至今已达二百余年的历史。而我国关于企业成长或中小企业成长理论方面的研究才刚刚起步，充其量也就只有 20 年左右的经历，即到了 20 世纪 90 年代才有零星成果问世，进入 21 世纪之后，这方面的理论成果才相继涌现。

第二，从研究方法上看，国外的某些学者（马歇尔等）借鉴了生物学上的进化论（演化论）思想解释中小企业的存在和成长过程；而更多的学者则运用了类比、归纳、演绎、内省、数学模型等方法研究中小企业（或企业）的成长问题。外国学者的诸多研究方法为我国学术界开展中小企业理论研究提供了借鉴。

第三，从研究视角和内容上看，多数研究都强调中小企业的存在原理或机理，而对中小企业成长过程、成长动力、成长创新、成长风险等，尚明显不足。

第四，从中小企业成长理论内容体系上看，尚不完整。其一，多数学者提出的理论虽然涉及中小企业，但并不是专门针对中小企业这一群体，因此还缺乏一定理论根据和针对性。其二，较多理论存在着内容上的交叉和重复。其三，如果作为内容体系，则各种"理论"之间缺乏内在的统一和联系。

3. 关于企业知识产权理论的研究

笔者以中国学术期刊网络出版总库、中国博士学位论文全文数据库、中国优秀硕士学位论文全文数据库、中国专利全文数据库、国家标准全文数据库、中国行业标准全文数据库、国外标准数据库、国家科技成果数据库、英国 Taylor & Francis 期刊数据库、Earthscan 期刊数据库为工具，分别以"企业知识产权"、"企业知识产权管理"、"企业知识产权保护"和"企业知识产权战略"、"企业知识产权融资"、"企业知识产权档案"、"企业知识产权建设"、"企业知识产权经营"、"企业知识产权质押"等为检索词进行题名、精确、在结果中检索，结果显示，排名前三位的是以"企业知识产权保护"、"企业知识产权管理"、"企业知识产权战略"为题名的检索。由此看出，自 20 世纪 90 年代国内学者开始研究企业知识产权以来，企业知识产权保护、管理和战略问题是学者们讨论的热点。学者们对企业知识产权的研究既有宏观上的研究，又涉及微观领域。对企业知识产权的检索，包括中小企业知识产权。

（1）关于企业知识产权保护的研究

大多数学者从不同视角研究保护策略、对策和战略，也有学者以区域行业和不同类型的企业为视角来研究知识产权保护。研究保护策略、对策和战略方面，如李正华从对外策略和内部策略两个大的方面展开研究，认为从企业对外关系的发展方面分析，对待知识产权问题应当制订出相应的策略，具体包括合同界定策略、依法确权策略、及时备案策略、停止使用策略、制止侵权策略等；从企业内部关系的理顺方面分析，具体包括获取信息策略、有效创新策略、严格保密策略、知识管理策略等（李正华，2004）。孙斌、吴松强运用博弈论的有关思想、方法，建立了知识产权所有企业与侵权企业之间的三阶段完全且完美信息动态博弈模型，以及侵权企业与政府之间的完全信息静态博弈模型。在对模型分析、讨论的基础上，推导出知识产权利益各方的博弈关系，提出了政府及知识产权所有企业采取针对性措施降低知识产权保护费用、加大对侵犯知识产权行为的惩罚力度以及增强知识产权保护意识、营造良好的知识产权保护环境等行之有效的对策建议（孙斌、吴松强，2009）。王立诚、许必元、李海燕、严小生等人在分析知识产权存在的问题（知识产权保护意识淡薄、法制观念不强，管理机构薄弱、人才缺乏，技术秘密保护不力、知识产权流失较重，知识产权情报工作开展不力等）基础上，提出我国各级地方政府和企业必须采取相应对策（王立诚、许必元、李海燕、严小生，2005）。

以区域行业和不同类型的企业为视角来研究知识产权保护，下面仅举核心期刊有代表性的几例。如王惠珍的《宁波进出口企业知识产权海关保护问题探讨》（2010），王秀丽、郭燕的《服装企业知识产权保护状况调查分析及解决对策》（2006），杨宝明的《国内软件企业知识产权保护现状调查分析统计与决策》（2004），段瑞春的《国有企业知识产权保护的战略应对》（2003），张东风的《河北民营科技企业的知识产权保护》（2003），杨拉克的《中小企业知识产权保护策略研究》（2007）。

（2）关于企业知识产权管理的研究

国内外学者对知识产权管理战略研究前沿集中在：关于知识产权管

理战略微观理论研究；关于知识产权制度的经济学分析、交易成本、社会福利等的研究；关于知识产权制度在宏观层面上的研究；关于知识产权侵权行为尤其是跨国企业知识产权滥用行为的研究（徐雯，2007）。

随着知识在经济发展中发挥的作用愈加提高，知识产权愈益成为国际竞争战略的核心内容。越是发达的国家越重视知识产权战略。1979年美国总统卡特第一次将知识产权战略上升到国家发展战略的高度。此后，美国利用长期积累起来的科技成果，不断巩固和加强自身的知识产权优势，在全球经济中占据了领先地位。目前美国企业知识产权战略最主要的特点是他们通过对知识产权资产的动态利用来实现知识产权资产价值的最大化。美国企业知识产权战略的重点已经从传统的排他垄断战略转变为更积极的许可与合作战略，知识产权管理部门也从企业的成本机构转型为利润中心。

第二次世界大战之后，日本通过大规模引进和消化欧美先进技术，实施其"技术立国"战略，实现了经济的高速度增长；尔后，启动了知识产权政策，促使其实现了从"技术立国"到"知识产权立国"的战略转变。在企业知识产权战略研究方面，日本也是比较成功的，特别是在专利情报战略和专利开发战略方面。

近些年来，国内许多学者在翻译、引进、消化知识产权理论上，结合我国实际情况提出了一些有价值的观点。

有关于企业知识产权管理内容的研究，如冯晓青（2009）、戴励盛（2006）。

有关于企业知识产权战略与企业知识产权管理的关系研究，如戴励盛（2006）、何敏（2002）。冯晓青特别强调企业知识产权战略管理是与企业知识产权战略既密切相关又相互区别的概念：一般地说，后者是实现前者的基础，实现前者是落实后者的保障。企业战略管理对企业的作用越来越受重视，已成为企业管理学领域一门非常重要的学科（冯晓青，2009：43）。

高永琳（2003）、金芳（2004）、罗琼（2006）、金哲（2007）分别从不同的视角对相关管理制度、管理体制进行研究。高永琳将国外企业知识产权管理体制分为集中管理体制、分散管理体制和按行列管理的体制三类，知识产权管理部门在这三种管理体制中都处于总公司管理层的核心位置，与技术部门、经营部门统一管理企业的知识产权工作。进而以我国企业的组织结构和人力资源为视角，研究了我国企业知识产权资产管理模式及政府制定配套政策的建议（高永琳，2003）。金芳运用了法学、经济学、管理学等多种理论与方法，将企业知识产权管理进行国内外比较，提出了加强我国知识产权中介机构建设的构想和知识产权管理信息平台建设构建方案（金芳，2004）。罗琼结合法律与管理两个学科的不同特点，从专利、商标、著作权管理战略的重要性入手，来研究知识产权管理部门的外部、内部组织结构，以及知识产权管理涉及的各种制度的具体内容（罗琼，2006）。金哲主要针对我国企业知识产权运作管理的问题，通过对国内外现有企业技术产品创新运作研究的现状，及结合企业产品创新实践，从产品创新、保护的概念出发，研究创新管理体系（金哲，2007）。

有的学者以行业为视角进行研究。如陈谊对医药的知识产权的研究，提出建立知识产权联盟一体化战略；借鉴日本的"技术追随型"和"以大胜小"的专利战略，以保护模仿创新为主，鼓励自主知识产权的获得；在自己优势技术中创造国际标准（陈谊，2004）。

（3）关于企业知识产权战略的研究

国外有关知识产权战略的文献，包括知识产权制度、国家知识产权战略等宏观层面和商标战略、专利战略等微观层面的研究，尤其是实证方面的研究较为深入，并且做到了理论与实践有机的结合；研究的范围较为广泛，涉及竞争优势理论、产业理论、对外直接投资理论、资源论、技术创新理论等，对企业实施知识产权战略的动因、必要性等进行了深入的研究，进一步丰富了企业知识产权战略理论。

国内学者万迪等（1997）、冯晓青（2008）、吴汉东等（2002）、陈美章（2004）、范再峰（2004）等对企业知识产权战略的概念进行了不同的表述，但内涵基本是一致的。学者们对企业知识产权战略宏观方面的研究较为广泛，形成论文成果较多，如夏清瑕、盛黎（2004），冯瑞琳（2008），李顺德（2005），冯晓青（2008），罗建华、翁建兴（2005），吴汉东（2008），王岩云（2005），彭学龙（2006），胡露露（2006）等；微观研究尚未深入，企业知识产权战略成果转化应用研究更少，主要集中在我国中小企业和高新技术企业的知识产权战略，如朱婀丹（2006）、史海峰（2007）、革明鸣（2008）、胡开忠（2007）、王妙玲（2007）、周晓辉（2003）、张健（2004）等。企业知识产权战略相关研究有企业创新与竞争力方面，也有涉及知识产权战略体系与模型构建方面。

我国关于企业知识产权战略的研究起步较晚，但是，近几年来具有逐年上升趋势的公开发表的学术论文数足以说明企业知识产权战略已经成为学者们关注的研究热点。而且近几年的研究不局限于传统领域，有所创新。但目前仍没有统一界定企业知识产权战略的概念，研究的领域和内容大多数集中在宏观理论方面，尚没有深入到微观层面的研究（孙伟、姜彦福，2009）；并且表现为多数是从企业管理层面进行研究，较少从法律层面进行研究；企业知识产权战略成果转化应用研究更少。

4. 关于中小企业政策的研究

从现有文献资料来看，我国学者对中小企业政策的研究大多集中于对国外中小企业政策的比较研究，如胡振虎、夏厚俊的《国外中小企业政策比较及政策借鉴》（2005），胡红霞的《美中中小企业政策比较研究》（2008），刘云枫、李小靓的《中韩中小企业政策的比较研究》（2008），陈韶华的《中日两国中小企业政策的演变、比较及启示》（2009），张蕾的《国内外扶持中小企业政策的比较分析》（2009），王维红的《美英日扶持中小企业政策的研究》（2006），胡荣昌、王磊的《美国、日本、德国中小企业政策比较研究》（2006），赵国忻的《国外中小企业政策支持效果研究评述》（2007），郭子雪的《美日韩三国中小企业政策比较》（2004），刘克逸、张文、李斌的《德国、日本的中小企业政策及对我国的启示》（1999），胡军的《美国、德国、日本、台湾中小企业政策及其比较研究》（1999），宁军明的《美、日、德中小企业政策比较》（2001），程惠芳、潘信路的《欧美型与日本型中小企业政策比较》（1995），桑业龙的《政府支持中小企业政策的国际比较》（1998）。

也有学者介绍国外某一国家或区域的中小企业政策对我国的启示及借鉴，如介绍美国、日本、德国、欧盟等国家及中国台湾的中小企业政策。

有的学者对中小企业政策支持体系进行研究，如田志萍（2008）

通过中、美、日、英四国现有中小企业政策的比较分析，发现中国中小企业政策支持体系的不足之处，结合吉林省中小企业的发展实际及中小企业政策支持体系的建设情况，提出了构建和完善吉林省中小企业政策支持体系框架及具体措施。李颖明、姜长云从国外农村中小企业支持政策的研究视角、支持政策的特点以及支持政策的相关实践等方面对国外农村中小企业政策支持和服务体系的建设情况进行了系统的总结和分析，指出了国外农村中小企业政策支持体系在系统性、可借鉴性以及保持农村中小企业长期竞争力等方面存在的问题（李颖明、姜长云，2009）。陈心德、邱羚通过中小企业"环境调适"政策和服务体系的系统分析，提出完善中小企业政策和服务体系的总体设计思路。通过双层紧迫性排序模型的运算，可对政策和服务体系各因素进行关联性的重点分析和系统思考（陈心德、邱羚，2010）。李玮分析了日本中小企业政策法律支持体系的特点以及对我国的借鉴（2007）。吴占坤、赵英姝研究了齐齐哈尔中小企业政策支持体系的构建（2010）。沈友华、王多慈研究了合肥市支持中小企业政策体系问题（2010）。张俊伟认为我国已搭建起中小企业政策体系新框架。今后一段时期，可着重从完善中小企业管理和服务的组织网络，缓解中小企业"融资难"问题，推动中小企业结构调整、提升企业竞争力、改进服务、完善企业发展环境等四方面入手，完善中小企业政策体系（张俊伟，2009）。也有关于中小企业政策支持体系方面的著作，如袁红林的《完善中小企业政策支持体系研究》（2010），从宏观、中观和微观三个层次入手，构建中小企业政策支持体系。

　　5. 国内外相关研究评价

　　纵观国内外对中小企业和企业知识产权问题的研究，研究成果越来越多，研究范围越来越广，但国外关于中小企业知识产权建设的研究，并不多见。在实践中，诸多中小企业都十分重视知识产权的创造、运营、保护和管理，企业内设有专门的管理机构。政府高度重视，制定并出台了一系列相关的扶持政策。

　　认真考察创新型国家的中小企业政策法规（如，美国在1980年制定的《史蒂文森—怀特勒（Stevenson – Wydler）创新法》、1982年的《小企业创新发展法》；德国政府在1978年出台的《中小企业科技政策

的总体构想》；日本于 1963 年制定的《中小企业基本法》，以及韩国的
《小企业科技创新特别法》），可以看出，这些政策法规中都或多或少地
涉及关于"中小企业知识产权建设这一领域"方面的条款，这些经验
值得借鉴。

从目前的国内理论研究现状来看，与本选题相关的研究绝大多数涉
及企业知识产权保护和发展战略，现有的《中小企业促进法》及政策
则较少涉及企业知识产权建设这一领域。虽然学者们分别从不同的视角
来进行研究，但都没有将企业知识产权的创造、运营、保护和管理看作
一个整体来研究，没有构建知识产权建设的内容体系整体框架，使各种
"理论"之间缺乏内在的统一和联系。另从国内实践层面上看，知识产
权建设滞后的问题已经成为中小企业技术创新和可持续发展的"瓶
颈"、"中小企业技术创新和发展受制于知识产权"已带有普遍性，迫
切需要有关中小企业知识产权建设方面的理论指导以及政策扶持。为
此，积极构建促进中小企业知识产权建设的政策体系，显得尤为紧迫。

现行的中小企业政策（法律）主要存在着如下不足：

第一，偏重于要素供给、市场净化和基础设施建设方面，而能力
（知识产权建设能力及创新能力）提升方面的政策非常薄弱，即存在着
政策结构功能的失衡性问题。

第二，存在着政策过程（体制）的多元性（管理中小企业知识产
权的部门有多个——国家工业和信息化部的中小企业司、国家知识产权
局、国家工商局、国家版权局等，使中小企业无所适从）问题。

第三，存在着政策内容的短缺性（知识产权建设方面的政策条款偏
少等）问题，以及各类别政策（专利政策、商标政策、版权政策等）
的分割问题，即没有形成完整的知识产权政策体系。

为有效解决上述问题，亟须对我国中小企业知识产权建设的促进政
策开展创新性研究，即亟须构建促进中小企业知识产权建设的政策
体系。

三　研究意义

（1）开展本项研究的理论价值：可进一步丰富企业技术创新理论
或中小企业发展理论；也可以为"中小企业知识产权建设"新学科的

建立，开启一种新思路。

第一，拟通过分析中小企业知识产权建设相关概念及其重大意义以及我国中小企业知识产权建设政策体系的特征与需求，阐明构建我国中小企业知识产权建设政策体系的重要性和迫切性。

第二，通过研究我国中小企业知识产权建设的背景、主要问题及其政策性原因，阐明促进中小企业知识产权建设政策体系构建的现实依据。

第三，基于前述的全部内容，进而提出促进我国中小企业知识产权建设政策体系的基本框架和对策建议。

（2）开展本项研究的实际应用价值：一方面可以为中小企业提高自身生存、创新发展能力提供指导；另一方面还可为国家有关部门实施宏观调控、通过政策体系为中小企业健康发展提供指导和服务保障，提出可供参考的对策建议。

四　研究目标、方法和主要内容

（一）研究目标

开展本选题研究的最终目标，就是要提出促进我国中小企业知识产权建设的政策体系基本框架及对策建议，以期为国家有关部门提供决策参考，供学界理论研究参考。

（二）研究方法

一是历史分析的方法：中小企业知识产权建设是人类文明与智慧演进的过程，必须历史地看待，才能做出客观准确的分析。

二是比较分析的方法：既要有纵向比较的反思，又要有横向比较的借鉴，唯此才能更清楚地说明中国中小企业知识产权建设的独特性和赶超性。

三是综合分析法：本选题为涉及管理学、经济学、法学、公共政策学等多学科的跨学科研究，需多学科综合研究方法相结合。

在具体研究方法上，着力采用定性与定量相结合、案例分析与理论探讨相结合、静态分析与动态分析相结合、系统科学与行为科学相结合的综合集成分析方法，以使分析结论建立在扎实的事实和数据基础之上。运用逻辑推理、归纳分析、（框架）模型建构等方式研究问题、阐明问题。

（三）研究的主要内容（基本框架）

本书主体部分由八章内容所组成。

第一章内容是"知识产权基本原理"。这一部分分析知识产权的含义、范围，对专利、商标、著作权和其他知识产权作一简要阐述。

第二章内容是"中小企业知识产权建设的意义和基础理论"。这一部分基于对中小企业知识产权建设概念的界定，分析了促进我国中小企业知识产权建设的重大意义，以及促进我国中小企业知识产权建设的基础理论。

第三章内容是"技术创新——中小企业知识产权建设的基石"。从界定技术创新的概念入手，分析技术创新与知识产权建设的关系以及中小企业技术创新的特征，详细阐述中小企业各类别技术创新。

第四章内容是"我国中小企业知识产权建设的背景、问题及原因分析"。这一部分对我国中小企业知识产权建设的法律和大型企业背景、存在的主要问题，以及问题成因进行了剖析。

第五章内容是"典型国家中小企业知识产权建设经验及其对我国的启示"。通过对四类典型国家（美国、日本、韩国和印度）中小企业知识产权建设经验的分析，重点论述了对我国的启示。

第六章内容是"中小企业知识产权（建设）政策体系概念界定与我国相关政策概述"。首先界定了中小企业知识产权（建设）政策体系概念，其次剖析了我国中小企业知识产权建设相关政策。

第七章内容是"我国中小企业知识产权（建设）政策体系的特征、需求与借鉴"。本章对行将构建的我国中小企业知识产权政策体系的基本特征、政策需求进行了分析；并阐述了美国、日本、韩国、印度等四国中小企业知识产权政策经验，及其对构建我国中小企业知识产权政策体系的借鉴。

第八章内容是"我国中小企业知识产权（建设）政策体系的构建原则和基本框架"。本章在阐释中小企业知识产权政策体系构建原则的基础上，最终提出了"五位一体"的我国构建中小企业知识产权政策体系的基本框架及对策措施。

第一章

知识产权基本原理

第一节　知识产权的内涵和范围

一　知识产权的内涵

所谓知识产权，是指特定主体（自然人、法人或其他社会组织）在有限时间和有限地域范围内对于其所创造的智力成果依法享有民事权利的特殊无形财产权，它具有地域性、时限性、垄断性、可受保护性与受益性等特征。

为进一步理解"知识产权"这一概念，现对知识产权的内涵作简单分析。

首先，知识产权涉及的领域极其广泛，既涉及科学、技术领域，又涉及文化、艺术和工商业等其他领域。

其次，知识产权赋予的权利为基于创造性的智力成果和工商业标记。知识产权赋予的权利对象是智力成果，尤指创造性智力成果，而创造性智力成果的最突出表现是发明，它是发明人巨大创造性的集中体现，为此，通过与其相应的法律程序，该项发明产生相应的知识产权的可能性极大。工商业标记与创造性智力成果，其价值通过其上所负载的商誉体现出来。

最后，并非所有的创造性智力成果和工商业标志都能够受到知识产权的保护，创造性的智力成果和工商业标记唯有达到法律规定的相关要求时才会产生知识产权，也就是说，知识产权的产生和其所享有的民事主体都必须符合相关法律规定。[1]

二　知识产权的范围

知识产权的范围，一般意义上是指知识产权包括哪些具体的权利。

知识产权学界对知识产权的范围颇有争议。新修订的《民法通则》（根据 2009 年 8 月 27 日第十一届全国人民代表大会常务委员会第十次会议《关于修改部分法律的决定》进行修正）对此有明确规定。《民法通则》第五章第三节规定，知识产权包括著作权（第九十四条）、专利权（第九十五条）、商标权（第九十六条）、发现权、发明权及其他科技成果权（第九十六条）。

根据世界知识产权组织（World Intellectual Property Organization, WIPO）《建立世界知识产权组织公约》的规定，知识产权包括下列客体的权利：

（1）文艺、艺术的科学作品。

（2）表演艺术家的表演、录音和广播。

（3）人类一切领域的发明。

（4）科学发现。

（5）工业品外观设计。

（6）商标、服务商标、厂商名称和标记。

（7）制止不当竞争。

（8）在工业、科学、文学和艺术领域内由于智力活动而产生成果的一切其他权利。

根据作为世界贸易组织一揽子协议的重要组成部分的《与贸易有关的知识产权协议》（简称 TRIPS 协议）的有关规定，知识产权包含下列权利：[2]

（1）版权和相关权利。

（2）商标。

（3）地理标志。

---

① 高巍：《大学生知识产权实用教程》，知识产权出版社 2011 年版，第 2 页。

② 法律出版社法规中心：《中华人民共和国知识产权法律法规全书》，法律出版社 2010 年版，第 459 页。

（4）工业设计。

（5）专利。

（6）集成电路布图设计（拓扑图）。

（7）对未披露信息的保护。

由于 TRIPS 协议与国际贸易制裁挂钩，具有相当的强制力，其对知识产权客体权利的规定，已经成为世界各国知识产权界所共同认同和遵守的范围。但是，TRIPS 规定的知识产权范围要窄于我国《民法通则》的规定。而我国《反不正当竞争法》对我国现实市场交易活动中的突出问题进行了个别规定，其中包括三种行为，第一种为《反不正当竞争法》第十三条规定的予以制止的有奖销售：采用谎称有奖或者故意让内定人员中奖的欺骗方式、利用有奖销售的手段推销质次价高的商品、抽奖式的有奖销售且最高奖的金额超过五千元。第二种是《反不正当竞争法》第八条规定的"经营者不得采用财物或者其他手段进行贿赂以销售或者购买商品"。第三种行为为《反不正当竞争法》第十条规定的经营者不得采用不正当手段侵犯他人的商业秘密。由此看来，我国在知识产权范围方面的法律规定与国际上的通行做法保持了一致。

具体来说，知识产权的范围应该覆盖现行有效的全部知识产权法律、行政法规、司法解释、重要的部门规章、相关政策规定等方方面面。内容包括著作权、专利权、商标权三大传统知识产权，以及植物新品种权、集成电路布图设计权、技术成果与技术秘密等新型知识产权。

第二节　专利

通常提到的专利包含两个方面，一方面指专利权人依法获取的一种垄断性权利，即专利权；另一方面指专利技术，即依法获得专利法保护的发明创造本身。

早期的专利制度，其目的在于通过授予发明者防止他人使用其发明的排他性来激励发明创造，这种授权与发明创造本身对社会的有用程度正相关。授权后被公开的信息亦被视为推动技术进步的有效方式。但随着时间推移，专利制度逐渐被看作是为研究和发展活动提供经费并且保护投资的一种方法。①

发明创造者研究设计出新的技术后，可以采用技术秘密和专利两种方式对其加以保护。但前者的缺陷是一旦保密措施不力而泄密，该技术成果就会进入公共领域而被任何人免费使用，后者的缺陷在于这种独占权只有 20 年或者 10 年，超过此限同样会进入公共领域被任何人实施。现实中，应视新技术的具体情况决定采用哪种方式对其进行保护。

在国际上提到专利，一般仅指发明专利。在我国，专利包括发明、实用新型和外观设计，这也是我国专利法的特点。

我国现行与专利有关的法律、法规、规章和司法解释主要有：《专利法》(1984 年 3 月 12 日第六届全国人民代表大会常务委员会第四次会议通过，2008 年 12 月 27 日第十一届全国人民代表大会常务委员会第六次会议《关于修改〈中华人民共和国专利法〉的决定》第三次修正)、《专利法实施细则》、《专利审查指南》、《专利行政执法办法》、《专利代理管理办法》、《最高人民法院关于对诉前停止侵犯专利权行为适用法律问题的若干规定》和《最高人民法院关于审理专利纠纷案件适用法律问题的若干规定》等。

第三节　商标

商标是用来区别不同企业的商品或者服务的可为视觉所感知的标记。商标自古就有，但现代意义上的商标则是商品经济发展的结果。今天，我们的日常生活已越来越离不开商标，它成为消费者选购商品的重要凭证。而且，有些商标还充当了象征身份、彰显品位的角色。

商标权是商标法的核心。可以通过原始取得和继受取得的方式取得商标权。原始取得即通过使用或注册方式取得，继受取得即通过受让或移转方式取得。在我国，取得商标权只有一种方式，就是商标注册。

根据《商标法》(1982 年 8 月 23 日第五届全国人大常委会第二十四次会议通过，自 1983 年 3 月 1 日起施行。2001 年 10 月 27 日第九届

---

① 英国知识产权委员会：《知识产权与发展政策相结合》，http：//www.iprcommission. org/graphic/ChineseIntro.htm。

全国人大常委会第二十四次会议对商标法作了第二次修改）的规定，商标权的主体分为三种：一是单一的自然人、法人或其他组织作为单个主体提出商标注册申请；二是两个以上的自然人、法人或者其他组织作为共有主体提出同一商标的注册申请，取得权利后共同享有和行使该商标专用权；三是特定主体，即集体商标和证明商标注册人的资格要求所确定的一种特殊的主体形式，一般多为行业协会。①

《商标法》第一章第八条规定，任何能够将自然人、法人或者其他组织的商品与他人的商品区别开的可视性标志，包括文字、图形、字母、数字、三维标志和颜色组合，以及上述要素的组合，均可以作为商标申请注册。由此可知，我国商标由文字商标、图形商标、立体商标、颜色商标和组合商标组成。根据不同的标准，商标又有不同的分类：依商标形态，分为平面商标和立体商标；依商标使用对象，分为商品商标和服务商标（如中国工商银行商标）；依商标法律状态，分注册商标和未注册商标；依商标特殊作用，分集体商标和证明商标。

此外，我国《商标法》对商标注册的申请、商标注册的审查和核准、注册商标的续展转让和使用许可、注册商标争议的裁定、商标使用的管理、注册商标专用权的保护等作了规定。

我国现行与商标有关的法律、法规、规章和司法解释主要有：《商标法》、《烟草专卖法》、《烟草专卖法实施条例》、《国家工商行政管理总局关于执行〈中华人民共和国商标法〉有关问题的通知》、《国家工商行政管理总局关于执行〈中华人民共和国商标法〉的若干意见》、《国家工商行政管理局保护服务商标若干问题的意见》、《驰名商标认定工作细则》和《最高人民法院关于审理涉及驰名商标保护的民事纠纷案件应用法律若干问题的解释》等。

第四节　著作权及其他知识产权

一　著作权

目前世界各国对著作权的称谓不一，有称"版权"的，有称"著

---

①　高巍：《大学生知识产权实用教程》，知识产权出版社 2011 年版，第 79—88 页。

作权"的。一般来说，更重视作者财产权的英美法系国家称"版权"，更重视作者的人身权的大陆法系国家称"著作权"。世界各国从不同的历史条件出发，其立法体例上称著作权还是版权仅有细微差别，其含义一致。在国际法领域这两个词是通用的。第一部现代意义的版权法是英国议会于1709年通过的《安娜女王法》，第一个国际版权条约是1886年签署的《保护文学艺术作品伯尔尼公约》。

在我国，著作权即版权，著作权法即版权法。著作权法是调整文学、艺术和科学技术领域因创作作品产生的各种社会关系的法律规范的总和。其立法目的是保护文学、艺术和科学作品作者的著作权，以及与著作权有关的权益，鼓励有益于社会主义精神文明、物质文明建设的作品的创作和传播，促进社会主义文化和科学事业的发展与繁荣。

著作权包括著作人身权和著作财产权。著作人身权亦称精神权利，指作者享有的与其作品有关的以人格利益为内容的权利，包括发表权、署名权、修改权和保护作品完整权。著作财产权利亦称经济权利，指对作品的利用进行支配并因此获得报酬的权利，包括复制权、表演权、放映权、广播权、信息网络传播权、摄制权、改编权、翻译权、汇编权以及获得报酬权等。

此外，独立于著作权之外、与著作权紧密相连、因作品传播者传播作品而产生的权利称为著作邻接权。它是著作权的派生权利，有自己的主体、客体及内容。

我国现行的关于著作权的法律法规主要有：《著作权法》（1990年第七届全国人民代表大会常务委员会第十五次会议通过，2010年第二次修正）、《著作权法实施条例》、《著作权集体管理条例》、《国家版权局关于出版美术作品适用版税问题的意见》、《国家版权局关于对著作权经营许可问题的意见》、《计算机软件保护条例》、《信息网络传播权保护条例》、《最高人民法院关于审理著作权民事纠纷案件适用法律若干问题的解释》等。

二　其他知识产权

除上述专利权、商标权和著作权三大传统知识产权外，知识产权范围还包括植物新品种、集成电路布图设计、技术成果与技术秘密、域名等其他知识产权。我国相关的法律法规对这些知识产权都有详细规定，这里不一一细述，只简单表述一下《反不正当竞争法》。

不正当竞争，指的是经营者违反《反不正当竞争法》的规定，损害其他经营者的合法权益，扰乱社会经济秩序的行为。《反不正当竞争法》于 1993 年 9 月 2 日由第八届全国人民代表大会常务委员会第三次会议审议通过，2006 年 12 月 30 日最高人民法院通过了《关于审理不正当竞争民事案件应用法律若干问题的解释》。

通常情况下，反不正当竞争法被划入经济法之中，但因其涉及企业商标、企业名称、工商业标记、技术秘密、产品名称及包装等方面，也可将其归入知识产权法划入民商法范畴。现从不正当竞争手段和侵犯商业秘密行为两个方面作简要说明。

知识产权法领域的不正当竞争手段，集中体现在《反不正当竞争法》第二章第五条中。《反不正当竞争法》规定的不正当竞争手段包括：假冒他人的注册商标；擅自使用知名商品特有的名称、包装、装潢，或者使用与知名商品近似的名称、包装、装潢，造成和他人的知名商品相混淆，使购买者误认为是该知名商品；擅自使用他人的企业名称或者姓名，引人误认为是他人的商品；在商品上伪造或者冒用认证标志、名优标志等质量标志，伪造产地，对商品质量作引人误解的虚假表示。

商业秘密，是指不为公众所知悉、能为权利人带来经济利益、具有实用性并经权利人采取保密措施的技术信息和经营信息。侵犯商业秘密的构成要件，一是商业秘密确实存在。二是主体可以是经营者，也可是其他人。三是主体实施了侵犯他人商业秘密的行为。《反不正当竞争法》第二章第十条规定侵犯商业秘密的行为包括：以盗窃、利诱、胁迫或者其他不正当手段获取权利人的商业秘密；披露、使用或者允许他人使用以前项手段获取的权利人的商业秘密；违反约定或者违反权利人有关保守商业秘密的要求，披露、使用或者允许他人使用其所掌握的商业秘密。四是上述行为已经或可能给权利人带来损害的后果。①

涉嫌侵犯商业秘密的案情较为复杂，需要具体问题具体分析。如通过自行研发或者反向工程方式获得的商业秘密不能被认定为侵犯商业秘密。

---

① 高巍：《大学生知识产权实用教程》，知识产权出版社 2011 年版，第 102—108 页。

第二章

中小企业知识产权建设的
意义和基础理论

第一节 中小企业知识产权建设概念的界定

一 中小企业

中小企业在世界各国经济和社会发展中发挥着越来越重要的作用，各国政府十分重视中小企业发展对本国经济的贡献，都制定不同的政策扶持中小企业的发展。与此相应，对中小企业的研究也成为学术界关注的热点。但研究中小企业，要以科学界定中小企业概念着手，只有明确了中小企业的定义，才能够明确政策实施对象，才有可能针对中小企业发展过程中出现的问题制定有针对性和可操作性的政策措施。

世界各国理论与实践表明，由于存在着国际、国内、区域、行业的发展阶段、条件、水平等方面的差异，世界各国尚没有统一的中小企业界定标准。有的学者认为，目前世界各国将企业规模界定为两种方法：客观性标准（是指划型标准以参照企业的从业人数、生产能力、销售收入等客观性指标为依据）和相对性标准（亦称为主观性标准，是指划型标准以企业在所属行业中的相对份额指标为参照）。

而大多数学者则认为，对中小企业企业规模界定存在定性和定量两种方法，这两种方法各存利弊，有的国家采用单一标准，有的国家则采用复合标准。

可见，科学界定中小企业是一个十分复杂的问题，是一个具有相对性的动态发展的过程。中小企业概念是与企业规模形态集合相关的表述，对这一概念进行相对科学的表述既要体现它的内涵（质的规定性），又要涵盖它的外延（量的标准或界限）。

（一）中小企业的内涵

综观国内外学者对中小企业内涵的表述，主要包括依法设立、内部组织结构简单、自主经营、在所处行业同类产品市场中不具有独占地位、承担相应的社会责任、有多种存在形式，并且从生产经营规模上来看属于中小型范畴等七个方面。

1. 中小企业存在的前提必须是依法设立

诚然，中小企业也是企业，即首先必须具备企业所具有的法定资质。换言之，其在创办前必须取得合法"身份"（依法设立），即在进入生产经营活动前必须经由法律授权的政府部门登记注册、审查批准。

2. 中小企业应具有相对简单的内部组织结构

与大型企业相比较，中小企业的内部组织结构比较简单。具体表现为：其一，多数企业主兼具所有者（投资者）和管理者双重身份；其二，企业的管理机构简单，且层级少。

3. 经营方式上属自主经营

早年的美国《中小企业条例》（1953 年颁布）指出："中小企业是一个独立拥有和经营的企业。"这一界定揭示了中小企业产权独立和自主经营的特性。实际上，中小企业的自主经营特性也是社会主义市场经济体制的一个最基本特征，是使市场充满活力并使市场机制得以充分运行的关键性因素。

4. 中小企业在所处行业同类产品市场中不具有独占地位

从中小企业向市场提供的产品数量及其所占有的市场份额多少来看，通常不具有独占（主导）地位或不拥有垄断力量。换句话说，在中小企业所处的本行业市场规模相对不变的情况下，当某一家企业的经营规模（市场份额）还没有提升到具有垄断地位的程度，这样的企业就会被称之为中小企业。

5. 中小企业应该担当其相应的社会责任

众所周知，追求利润最大化目标是中小企业存在与成长的核心动力，但这与其担当相应的社会责任并不矛盾。诸如推动经济增长、维护社会稳定、依法纳税、技术创新、扩大就业、提供能够满足社会需要的产品或服务等。在实践中，某些中小企业一味地甚至不择手段地追求利润最大化而忽视自身社会责任的做法不仅会遭到道德的谴责，还要受到法律的制裁，只能是自尝恶果，严重者将以被关闭或歇业而告终。

6. 中小企业以多种投资主体和多种形式存在

中小企业应当是包括各类投资主体（所有制形式）的企业，即国有、集体、个体、私营和外商经济等。

中小企业存在的法律形式通常有四种：一是单一业主制，即个人独资企业，指企业完全由一个人出资经营，业主承担无限责任；二是合伙制，即由二人或多人共同出资经营，订立合伙合同，共享企业收益，共担企业风险，共同对企业债务承担无限连带责任；三是有限（股份）公司制，意即股东以其出资额度（所持股份）为限对公司承担责任，而公司则以其全部资产对公司的债务承担责任；四是特许经营，是一种介于独立企业家和受雇人之间的经营方式，具体包括：代销、制造许可证、使用名人名字、使用商标和其他特许经营方式等。

7. 中小企业从生产经营规模上来看属于中小型范畴

生产经营规模属于中小型既体现着中小企业的核心内涵，又内含着对中小企业外延的定性表述。

综上，我们可以将中小企业内涵概括为：所谓中小企业，是指那些依据法律程序设立，内部组织结构相对简单，自主开展生产经营，其产品在所处行业同类产品市场中不具有独占地位，能够承担相应的社会责任，而且从生产经营规模上属于中小型范畴的各种所有制和各种组织形式的企业。

（二）中小企业的外延

工业和信息化部、国家统计局、国家发展与改革委员会、财政部四部委局联合制定的《中小企业划型标准规定》（工信部联企业〔2011〕300 号）（参见表 2-1），对于农林牧渔业、工业（包括采矿业、制造业、电力、热力、燃气及水生产和供应业）、建筑业、批发业、零售业、交通运输业（不含铁路运输业）、仓储业、邮政业、住宿业、餐饮业、信息传输业（包括电信、互联网和相关服务）、软件和信息技术服务业、房地产开发经营、物业管理、租赁和商务服务业、其他未列明行业（包括科学研究和技术服务业、水利、环境和公共设施管理业、居民服务、修理和其他服务业、社会工作、文化、体育和娱乐业等）等16个行业领域的中小企业标准，都作出了明确的界定，即不同行业制定了不同的标准。

　　本书认同并采用了上述标准。

表2-1　　　　　　　　　　　　　　中小企业划分标准

指标 行业	从业人员数（人）			营业收入（万元）			资产总额（万元）		
	中型	小型	微型	中型	小型	微型	中型	小型	微型
农林牧渔业				[500, 20000)	[50, 500)	(0, 50)			
工业	[300, 1000)	[20, 300)	[0, 20)	[2000, 40000)	[300, 2000)	(0, 300)			
建筑业				[6000, 80000)	[300, 6000)	(0, 300)	[5000, 80000)	[300, 5000)	[0, 300)
批发业	[20, 200)	[5, 20)	(0, 5)	[5000, 40000)	[1000, 5000)	(0, 1000)			
零售业	[50, 300)	[10, 50)	(0, 10)	[500, 20000)	[100, 500)	(0, 100)			
交通运输业	[300, 1000)	[20, 300)	(0, 20)	[3000, 30000)	[200, 3000)	(0, 200)			
仓储业	[100, 200)	[20, 100)	(0, 20)	[1000, 30000)	[100, 1000)	(0, 100)			
邮政业	[300, 1000)	[20, 300)	(0, 20)	[2000, 30000)	[100, 2000)	(0, 100)			
住宿业	[100, 300)	[10, 100)	(0, 10)	[2000, 10000)	[100, 2000)	(0, 100)			
餐饮业	[100, 300)	[10, 100)	(0, 10)	[2000, 10000)	[100, 2000)	(0, 100)			
信息传输业	[100, 2000)	[10, 100)	(0, 10)	[1000, 100000)	[100, 1000)	(0, 100)			
软件和信息技术服务业	[100, 300)	[10, 100)	(0, 10)	[1000, 10000)	[50, 1000)	(0, 50)			
房地产开发经营				[1000, 200000)	[100, 1000)	(0, 100)	[5000, 10000)	[2000, 5000)	(0, 2000)
物业管理	[300, 1000)	[100, 300)	(0, 100)	[1000, 5000)	[500, 1000)	(0, 500)			
租赁和商务服务业	[100, 300)	[10, 100)	(0, 100)				[8000, 120000)	[100, 8000)	(0, 100)
其他未列明行业	[100, 300)	[10, 100)	(0, 10)						

　　注：1. 本表各指标上限与下限采用区间表示法，"[ ]"表示闭区间（含有端点值），"（）"表示开区间（不含端点值）；

　　2. 由于标准中没有对微型企业下限作规定，本表均计为0。

　　3. 除农林牧渔业和其他未列明行业只按一种指标划分外，其余均按两种指标划分，但微型企业的划分方法是两种指标中只具其一即可。

二 中小企业知识产权建设

中小企业知识产权，则是指中小企业所拥有的，在生产经营中能够确保企业可持续发展并做大做强的无形资产。它是指由中小企业发明专利、产品商标、版权（计算机软件），以及技术秘密和商业秘密等构成的工业产权，是中小企业作为主体通过自身劳动所创造的智力成果并依法享有的由该成果所带来的系列专有民事权利。中小企业知识产权拥有量的多少是衡量一个中小企业自主创新能力大小、是否拥有核心竞争力、竞争力强弱，以及能否占据市场垄断地位的唯一标志。[①]

企业知识产权建设，是指企业围绕着发明专利、商标、工业版权以及商业秘密、技术秘密等自身的智力成果所开展的一系列活动的统称。企业知识产权建设是企业实现技术创新必不可少的基础性条件，是企业提升软实力的关键和可靠保障，亦是实现区域创新（创新型城市或创新型国家）发展的基石和载体。

具体来讲，中小企业知识产权建设，则是指中小企业围绕着知识产权的开发（创造）、运营、保护和管理等四个方面开展的系列性活动。

第二节 中小企业知识产权建设的重大意义

中小企业在国民经济和社会发展中具有不可替代的重要地位和作用。

我国的中小企业自改革开放以来获得了巨大的发展，在国民经济生活中占有重要的地位，成为促进经济发展不可替代的重要力量。其地位和作用表现在：中小企业是我国国民经济新的增长点，创造了一半以上的社会产值，已经成为我国经济持续增长的主要推动力；中小企业能够创造大量的就业机会，对于社会发展起到了稳定剂的作用；随着科技的迅猛发展和知识经济时代的到来，创新已经成为培育核心竞争力、获取竞争优势的重要源泉。与大企业的推动型创新不同，中小企业技术创新的驱动机制大多属市场拉动型，技术创新需求更为迫切而且更为有效，

---

① 万兴亚、许明哲：《中国中小企业成长及软实力建设》，中国经济出版社 2010 年版，第 6 页。

创新成本也较低，使得中小企业逐渐成为推进技术创新的生力军。

中小企业知识产权建设，是与企业日常生产经营行为密不可分的战略行为，它不仅对企业自身可持续发展产生深刻影响，而且关乎产业发展和区域振兴。换言之，促进我国企业知识产权建设，提升知识产权的创造、保护、运营和管理能力，有利于提升企业竞争力，有利于夯实国家软实力的基础，更有利于推进我国经济社会全面发展。促进我国中小企业知识产权建设，具有重大而深远的意义。

一　有利于提升企业竞争力

21 世纪是知识经济时代，中小企业竞争已从过去依赖土地、资本等要素转变到如今依赖技术要素上来。企业要想获得竞争中的有利地位，提高自身竞争力，就必须拥有自己的核心技术；而这一技术的法律形式就是自主知识产权。

企业知识产权建设能够推动企业创新与发展。实践证明，跻身当今世界并处于领先地位的企业都非常重视知识产权，它们把知识产权作为企业技术创新的活力源泉，作为开拓市场、获取自身竞争优势、提高企业核心竞争力的制胜法宝。具有知识产权战略思维的某些企业，基本上都在企业内部建立了专门机构来负责知识产权建设，不断加大对知识产权的研发力度，不断加强对知识产权的运营、保护和管理工作，形成了比较完善的企业知识产权组织结构和工作体系。实际上，世界上拥有持久竞争优势、竞争力最强的企业，往往是那些有效发明专利拥有量最多和知识产权建设最完善的企业。

目前，我国中小企业在技术创新和知识产权保护方面都取得了长足进展，但自主知识产权和关键技术拥有量依然偏少。加强知识产权建设，不仅需要重视知识产权的静态归属，更要重视知识产权的动态经营和优化，唯有构建完备的有利于中小企业知识产权发展的组织结构和工作体系，才能使企业竞争力不断得到提升并做大做强。

当今世界，国家间、地区间的竞争实质上是以自主创新能力为核心的科技竞争。唯有不断提高企业的自主创新能力，着力主攻核心技术，在关键技术领域掌握更多自主知识产权，才会在国际科技竞争、产业分工和全球经济格局中占领战略制高点，才会形成持久的竞争力，牢牢抓住经济发展的主动权。因此，中小企业拥有知识产权的数量和质量成为企业生存和发展的关键。中小企业自主创新能力的提升需要知识产权的引领，中小企业产业集群中的优势地位的巩固需要知识产权来保护，中小企业转型升级和结构调整离不开企业知识产权的管理和运营。由此可见，企业对知识产权创造、保护、管理和运营的需求不断增强，迫切需要加强中小企业知识产权建设。

二　有利于贯彻落实国家知识产权战略

经验表明，世界上能够在国际竞争中处于领先地位的国家无一不是依靠建立全方位的以知识产权为目标导向的知识产权政策体系来提升本国的核心竞争力的。

我国在改革开放三十多年的发展中，已逐步形成了相对比较完整的法律形态的公共政策，但是非法律形态方面的知识产权公共政策发展不容乐观：还没有形成较全面、较系统的知识产权公共政策，大大制约了我国现行知识产权制度整体效用的充分有效的发挥。我国的知识产权在一些地方和行业普遍存在"有技术无产权、有产权无应用、有应用无产业"的现象，技术成果的市场转化率和技术应用的产业化率远远低于发达国家的相关标准，自主创新的研发投入与发达国家的差距更大。

《国家知识产权战略纲要》明确指出，知识产权战略关乎国家的兴衰成败，是国家的重要发展战略，是破解中国经济发展难题的切入点。加强知识产权建设，努力建立起能够让知识产权条款充分体现在国家的教育、文化、科技、产业、对外贸易等政策中的知识产权公共政策体系，有效利用国家知识产权制度，是实施国家知识产权战略以实现建设创新型国家目标的一个重要任务。以此为依托才能不断缩小与发达国家的差距，从而实现跨越式发展。

众所周知，国家知识产权战略实施主体在企业，目前我国占企业总数99%的为中小企业，由此推论，建立有效利用知识产权制度的中小企业知识产权政策体系，是贯彻落实国家知识产权战略的一个重要方面。①

---

① 吴汉东：《中国应建立以知识产权为导向的公共政策体系》，《中国发展观察》2007 年第5 期。

三　有利于推进我国经济社会全面发展

企业知识产权是一种依附于企业而存在、对企业产生直接重大影响、对区域乃至国家产生间接重大影响的"准公共物品"。如果说提高企业自主创新能力是建设创新型城市乃至创新型国家的基础，那么，企业知识产权建设就是提高自主创新能力的基石。

可以这样说，没有中小企业自主创新就不会有完善的区域创新体系。区域竞争力的重要基础是企业的竞争力，而知识产权建设则是中小企业竞争力的生命力源泉。因此，制定有效的中小企业知识产权政策、构建完善的知识产权政策体系、提高中小企业知识产权建设能力是增强区域乃至国家软实力的重要内容，是增强区域软实力和国家软实力的基本载体，是实现国民经济又好又快发展的关键所在。

毋庸置疑，中小企业是国民经济和区域经济发展的"基石"或"细胞"。因此，政府鼓励并支持中小企业知识产权建设能力不断提高，培育企业软实力，为区域经济社会发展提供不竭动力，不失为一种明智的选择。

改革开放以来，尤其是最近 10 年，各类企业出现了前所未有的强劲发展势头。只有加强知识产权建设、提高软实力才能使这种态势持续保持下去。从宏观（中观）层面上讲，知识产权的作用，一是促进科技的传播，二是保护创新主体的利益，三是促进区域乃至国民经济发展。因此，推进企业知识产权建设，不仅有利于企业自身软实力的提高和竞争力的增强，还可以为推动我国经济社会又好又快发展，注入不竭动力、提供强大支撑。

第三节　中小企业知识产权建设的基础理论

可以这样说，促进我国中小企业知识产权建设的基础理论很多，可能会存在"仁者见仁，智者见智"之争议。但笔者认为，与"中小企业知识产权建设"关系较为密切的基础理论一是马克思的劳动价值论；二是西方经济学中的产权理论；三是知识经济理论；四是技术创新理论。现分述如下。

一　马克思的劳动价值论

马克思的劳动价值论认为使用价值和价值是商品的两个基本属性，商品是使用价值和价值的统一体。商品的两个基本属性由生产商品的劳动二重性即具体劳动和抽象劳动决定。其中，具体劳动创造商品的使用价值，抽象劳动创造商品的价值。因此，商品的价值具有质和量的规定性，是由抽象劳动凝结而成、由生产商品所耗费的劳动量决定的。马克思说："劳动过程把脑力劳动和体力劳动结合在一起了。"① 意即马克思所理解的劳动既包括体力劳动，又包括脑力劳动。② 在马克思所处的时代，劳动产品基本上被理解为有形物品。但是，在科学技术迅猛发展的今天，由劳动创造的具有使用价值的产品无论从生产资料还是从消费资料来看，不一定都是有形物品，也有无形物品。如生产资料中的信息服务、技术咨询，人们精神消费方面的上网、看电影、旅游等。

脑力劳动是一种能够创造价值的创造性生产劳动。知识产品作为脑力劳动的物化表现，是社会与个人某种利益的体现。当它与人们的精神生活发生作用，并使人们精神生活需要得到满足，从而产生一定的社会效益；当它被投入生产领域即转化为有形的物质产品，使人们物质生活需要得到满足，从而产生一定的经济效益。知识产品的可转让性及其在生产中的实际效用说明知识产品同样具有商品的价值和使用价值属性，这符合马克思的劳动价值论。知识产权指的是人们对自己创造性的智力劳动成果（专利、商标、著作、商业秘密等）所享有的民事权利。可以说，创造性的知识产权活动能够创造价值，同样符合劳动价值理论。这样，知识产权的创造、保护、管理和运营都要以马克思的劳动价值论为基础。

二　西方经济学中的产权理论

自亚当·斯密直到 19 世纪末，关于财产权问题存在着三种基本倾向：其一，产权即为所有权；其二，平等的排他性的资产权利——法权

---

① 马克思：《资本论》第 1 卷，人民出版社 1975 年版，第 555—556 页。
② 许兴亚、王丽娜：《马克思的劳动价值论和生产劳动理论与我国社会主义社会的劳动和价值》，《河南大学学报》（社会科学版）2004 年第 4 期。

式的所有权应成为社会的制度基础；其三，财产权作为制度前提被排除在正统的微观经济学和标准的福利经济学分析之外。①

西方现代产权理论产生于 20 世纪，其中不仅包括了被人们称为产权学派的贡献，也包括了法经济学派、公共选择学派、自由竞争学派等众多学者的贡献。

20 世纪 20 年代，两位重要的学者弗兰克·奈特（Frank Knight）和约翰·康芒斯（John R. Commons）将产权理论重新引入经济学分析，尽管他们不是直接建立产权理论，但他们重新强调引入产权分析为现代产权理论产生奠定了基础。1921 年奈特发表了《风险、不确定性和利润》一文，突出了产权特别是企业产权制度对于制约冒险和机会主义的重要性。康芒斯 1934 年出版了《制度经济学》一书，通过分析"交易"的范畴，鲜明地提出了明确企业产权的必要性，对产权做了详尽的经济学和法学分析，进而强调了产权制度对于整个社会制度的关键作用。康芒斯与奈特的共同之处在于把产权分析重新引入经济学分析，并对产权与企业的关系做了最初的考察，从而成为后来的现代西方产权理论的重要先导。

产权研究作为系统的理论产生于 20 世纪 30 年代之后。其突出代表为科斯（R. Coase）。众所周知，现代产权理论的基石是交易费用理论，而这一理论的初步形成以 1937 年科斯发表在《经济学》上的《企业的性质》一文为标志。同时，该文的发表，也标志着现代企业理论的诞生。1960 年，科斯发表了《社会成本问题》这一产权经济学的又一开山力作。他的突出成就是被后来的斯蒂格勒等人概括为所谓"科斯定理"的思想。

科斯定理提出之后，尽管一些学者对科斯定理提出了质疑，但同时也有相当数量的学者以科斯的产权领域为基础，补充、发展了新的产权思想。概括起来，对产权理论进展发生影响的主要有：威廉姆森（O. Willamson）、德姆塞茨（H. Demsetz）、艾尔奇安（A. A. Alchian）、布坎南（James M. Buchanan）、舒尔茨（Theodore W. Schultz）、肯尼斯·阿

---

① 杨培培：《马克思产权理论与西方经济学产权理论比较》，《新乡学院学报》2010 年第 1 期。

罗（Kenneth Arrow）、波斯纳、库特、配杰威齐（S. Pejovich）等，他们分别是所有权学派、公共选择学派、自由竞争学派、信息经济学派、法经济学派和比较产权学派的代表。产权学派兴起于 20 世纪 50 年代，广泛兴盛于 90 年代的新自由主义学派。产权学派在批判新古典经济学和福利经济学的一些缺陷的基础上形成了产权经济学。产权经济学是研究在资源稀缺的条件下，如何通过界定、变更和确定产权结构来协调人与人之间的利益冲突，以达到降低交易成本、提高经济效益、实现资源配置最优的目的，并通过对产权结构、激励机制和人的经济行为之间关系的分析，来探讨不同产权结构对资源配置效率影响状况的经济学分支学科。[①]

在这些学者的努力之下，产权理论在公共财产、外在性、交易费用、委托代理、产权与分配、产权与国家、产权结构等方面取得了迅速的进展。特别是 20 世纪 70 年代以来，围绕企业产权理论取得了一系列显著的成果。就企业产权理论而言，集中表现为企业性质理论和企业产权结构理论。其中，企业性质理论包括新古典经济学的企业性质理论（其实质不是真正的企业理论）、科斯的企业性质理论、威廉姆森的企业性质理论、阿尔钦和德姆塞茨的企业性质理论、GHM 理论和张五常的企业性质理论。此时期，企业产权理论方面取得的最突出的成就当属交易费用理论和委托代理理论。西方企业产权理论为中国产权改革（如医疗制度改革、国企改革、农村集体土地产权制度改革等）提供了太多的借鉴与启示。

三　知识经济理论

知识经济与农业经济、工业经济相对应，是以知识为基础的一种新型的富有生命力的经济形态。知识化是现代化发展的三阶段（工业化、信息化和知识化）之一。知识经济理论的初步形成以新经济增长理论为标志。知识经济作为一种经济产业形态的主要标志是以美国微软公司为代表的软件知识产业的兴起，OECD 报告使其理论系统化，并通过具体的经济指标反映出来，使知识经济不再像过去那样过于

---

① 李明义、段胜辉：《现代产权经济学》，知识产权出版社 2008 年版，第 1 页。

"虚拟"。①

　　知识的生产、传播、利用和完善贯穿于一切经济社会活动之中是知识经济的本质特征。② 知识作为主导性的生产要素，使国家层面的知识创新系统、微观的企业管理和宏观的产业管理以及公共政策层面的公共管理都发生了质的变化。为适应知识经济的不断发展，公共政策要进行不断的适时创新。知识经济使社会财富形式发生了质的变化，知识产权这一与创新活动有着最密切联系的智力成果成为知识经济中最重要的资产。由知识的溢出产生的正效应和负效应，③ 需要通过适度的知识产权政策来对其加以保护和限制，并需要制定相应的教育政策和知识产权利用政策。而且，利益在知识产权活动参与者之间的分配关系也需要通过法律、政策来加以规范。

四　技术创新理论

　　有关"创新"的论述开始于 20 世纪初，当时美籍的奥地利经济学家熊彼特（J. A. Schumpeter）在其 1911 年出版的德文版的《经济发展理论》中阐释了关于经济增长非均衡变化的思想。该书在 1934 年译成英文时使用了"创新"（innovation）一词，将"创新"定义为"企业家对生产要素的重新组合"。它包括以下五种情况：①引入一种新的产品或提供一种产品的新质量；②采用一种新的方法；③开辟一个新的市场；④获得一种原料或半成品的新的供给来源；⑤实行一种新的企业组织形式，例如建立一种垄断地位或打破一种垄断地位。④

　　熊彼特在其 1928 年写的首篇英文文章《资本主义的非稳定性》（Instability of Capitalism）中首次提出了"创新是一个过程"的概念，⑤ 并在

---

　　① 指 1996 年 OECD 首份以《以知识为基础的经济》为题的完整的报告，系统阐述了知识经济的发展趋势、科学系统在经济发展中的作用和知识流的测度问题。1981 年，OECD 也曾发布过题为《信息活动、电子与电信技术：对就业、增长和贸易的影响》的报告。OECD 还每年发布其成员国家或组织的知识经济相关的统计报告。

　　② 雷家骕、冯婉玲：《知识经济学导论》，清华大学出版社 2001 年版，第 23 页。

　　③ 知识溢出是客观存在的，能够减少整个社会重复探索的成本，加快技术进步。但同时，也会使创新者的收益减少，抑制创新者的积极性。

　　④ 熊彼特：《经济发展理论》，哈佛大学出版社 1934 年版，第 66 页。

　　⑤ 刘冠：《基于自主创新的江苏创业企业成长研究》，硕士学位论文，南京财经大学，2008年，第 4 页。

1939 年出版的《商业周期》（*Business Cycles*）著作中比较全面地阐述了创新理论。熊彼特提出了创新的概念和理论，列举了创新的一些具体的表现形式，但他并没有从严格意义上定义技术创新。

自熊彼特之后，当代西方经济学家们又对技术创新，以及与其相关的技术模仿、技术守成、技术扩散等进行了深入探讨，对技术创新的含义做出了种种不同的解释，其中不乏真知灼见。如索罗（S. C. Solo）首次提出"新思想来源和以后阶段的实现发展"是技术创新成立的两个来源思想；1962 年伊诺思（J. L. Enos）第一次直接将技术创新定义为"是几种行为综合的结果"，而且列举了技术创新行为的一些内容，包括"发明的选择、资本投入保证、组织建立、制订计划、招用工人和开辟市场等"；① 曼斯费尔德（M. Mansfield）定义技术创新侧重点是产品创新。20 世纪 80 年代中期，缪尔塞（R. Mueser）对前人研究做了系统的整理分析，抓住先前研究集中在"新思想和非连续性的技术活动"和"发展为实际和成功的程序"的这些特点，认为"技术创新是以其构思新颖性和成功实现为特征的有意义的非连续性事件"② 。我国学者自 20 世纪 80 年代末对此亦进行了深入研究，且颇有建树。傅家骥在其1998 年的《技术创新学》③ 一书中总结了国外学者的做法，结合我国国情，将技术创新界定为：技术创新是企业家抓住市场的潜在盈利机会，以获取商业利益为目标，重新组织生产条件和要素，建立起效能更强、效率更高和费用更低的生产经营系统，从而推出新的产品、新的生产（工艺）方法、开辟新的市场、获得新的原材料或半成品供给来源或建立企业的新的组织，它是包括科技、组织、商业和金融等一系列活动的综合过程。

---

① 郑锋：《产业技术创新能力评价研究》，《商场现代化》2008 年第 8 期。
② 转引自耿丽萍、李明《煤炭企业技术创新研究》，《煤炭技术》2011 年第 5 期。
③ 傅家骥：《技术创新学》，清华大学出版社 1998 年版，第 5—7 页。

第三章

技术创新——中小企业知识
产权建设的基石[①]

第一节 技术创新与知识产权建设

一 技术创新的概念

有关"创新"与"技术创新"的界定，国内外学者见仁见智，前面第二章第三节已有表述，这里不再赘述。中共中央国务院于 1999 年 8 月 20 日发布的《关于加强技术创新，发展高科技，实现产业化的决定》中，更为科学地将技术创新定义为：技术创新，是指企业应用创新的知识和新技术、新工艺，采用新的生产方式和经营管理模式，提高产品质量，开发新的产品，提供新的服务，占据市场并实现市场价值。

深入理解上述定义，主要包括如下几点：

（1）技术创新的主体是企业。因为"技术创新"在本质上属经济概念，是指在经济上引入某种"新的知识和新技术"，它与技术上的新发明不同。一种新技术发明，只有当它被应用于经济活动时，才成为"技术创新"。发明者不一定是创新者，只有敢于冒风险，把新发明引入经济活动中，并能实现其市场价值的企业家，才是创新者。

（2）企业从事创新活动的创新源是新知识、新技术和新工艺。其中后两者可以是"软件"形式，如图纸、光盘、工艺卡片等，也可以是"硬件"形式，如新设备、新能源、新材料或新产品等。因此，企

---

① 万兴亚、许明哲：《中国中小企业成长及软实力建设》，中国经济出版社 2010 年版，第 225—273 页。

业要想搞好技术创新，在很大程度上取决于企业能否获取创新源。

（3）企业创新活动是一种动态过程。该过程的主要特点就是企业要采取新的生产方式和经营管理模式。很显然，该过程既涉及企业的生产力，又涉及生产关系，既涉及硬技术，又涉及软技术（管理技术）。因此，企业技术创新过程有别于一般的生产过程。

（4）企业创新的直接目的是向市场提供实现价值的新产品和新服务。这也是衡量企业技术创新成功与否的主要尺度，同时也是企业技术创新的动力。这一点还说明，从事商业、金融、保险、饮食服务、旅游等第三产业的中小企业也可以搞技术创新。那种认为只有制造业或工业企业才能搞技术创新的观点是片面的，不利于中小企业全面健康发展。

二 技术创新与知识产权建设的关系

技术创新与知识产权之间是既相互区别（前面已经阐述，这里不作分析），又相互联系、相互促进的辩证统一。技术创新与知识产权这种相互作用、协同发展表现在：

一方面，技术创新是知识产权产生的源泉。从微观角度来看，技术创新既是一种投入活动，又是一种产出活动。这种投入与产出活动始于技术设想，终于产出品在商业上的成功应用得以价值实现（狭义的技术创新）。技术创新活动通过对研发人员、研发经费、信息和知识等的投入，围绕着技术、工艺、设备和管理等方面展开，经过学习、交流、生产等，期间经历"试验、试产"、"生产、销售"、"新信息传播"、"知识资产管理"等不同技术创新阶段，[①] 每一个阶段都体现着程度不同的创造性智力劳动。并且，在技术创新过程的每一个阶段都有可能产生专利、著作、商标以及商业秘密等知识产权，即知识产权贯穿技术创新的全过程，在此过程中实现了"隐性知识显性化，显性知识权利化"的价值转换。这表明，技术创新的过程实际上也是形成知识产权的过程，技术创新是催生知识产权的重要源泉，没有技术创新，知识产权就无从谈起。

当然，企业自身的研发活动并不是企业获得知识产权的唯一途径，企业还可以通过其他渠道获得知识产权。如与大专院校、科研机构的合

---

① 盛辉：《知识产权保护与技术创新的双向作用机制》，《科技管理研究》2009 年第 4 期。

作可以获得知识产权，通过收购、并购等也可以获取知识产权。

　　另一方面，知识产权能够驱动企业技术创新。

　　其一，只有技术创新，如果不对技术创新成果加以保护，很难为企业带来更多利润。知识产权伴随着技术创新的全过程，有效的知识产权制度保护了知识产权所有者的权益，为知识产品提供健康有序的市场公平竞争环境，有利于知识产品的商业化和市场化，有利于技术能力强的企业通过出售知识产权获取专利许可费，从他人使用本企业的技术资产中获益。有利于激励企业和个人进行发明创造，推动企业不断提高技术研发能力和技术创新能力。

　　其二，技术创新需要有效的知识产权制度与其协同发展，以便能够有效配置科技资源，通过知识产权的创造、保护、管理和运营一体化的管理以避免研究开发中的人力、物力和财力的浪费。

　　其三，具有法律保障的知识产权是对外公开的，这有利于知识的有效传播和规范，能够推动创新产品商品化和产业化，从而为企业带来更多利润。因此，知识产权既为创新的驱动器，也成为技术创新的重要目标。

　　综上可知，技术创新和知识产权既相辅相成、相互促进，又相互约束。技术创新推动知识产权的产生，并产生了许多新的权利载体和财富源泉，使知识产权的保护范围超出原有的界限向新的领域扩展，由单一性向综合性方向演变。① 反之，企业的技术创新也离不开知识产权的保护和激励。知识产权制度也大大激励了技术创新，为技术创新提供了制度保障，激发创新主体再创新的积极性，从而形成技术创新的良性循环。

第二节　中小企业技术创新的基本特征与分类

　　这里的技术创新，是指广义的技术创新，既包括硬技术创新，又涉及软技术（管理技术）创新。技术创新是中小企业进入成长期后的首要工作，同时也是企业需要在其他阶段上常抓不懈的工作。搞好技术创

---

　　① 王黎萤：《中小企业知识产权战略与方法》，知识产权出版社 2010 年版，第 56 页。

新建设，是增强中小企业知识产权建设的核心和主线。

一　中小企业技术创新的基本特征

中小企业技术创新的基本特征分为一般性（即技术创新的特征）和特殊性（即中小企业技术创新的优势和劣势）。

（一）技术创新的特征

作为各类规模的企业，不论是大型的，还是中小型的，它们的技术创新活动都具有如下几个方面的特征：

1. 效益性

任何规模、任何层次、任何形式的技术创新活动在本质上都属一种投入—产出的技术经济活动。这种活动与普通的经济活动的不同点在于其投入产出比相对较大。这也恰恰是企业进行技术创新活动的根本目的和动力。由于是"创新"活动，因而除了正常经济活动的生产性投入外，还需要创新活动的技术性投入，而这些投入只有当本企业的创新产品（或服务）投放到市场并实现其价值后才能得到补偿并获取"垄断利润"（新产品的首次上市往往带有垄断性）。

2. 风险性（或不确定性）

与效益性特征相伴而生的是风险性特征，且两者呈正相关关系：即效益低，风险小；效益高，风险大。换言之，并不是所有的技术创新活动都能够带来增量收益的。在企业技术创新活动中，有些因素是可控的，如创新投入、要素组合、工艺安排等；有些因素是不可控的。这些不可控因素会给企业技术创新带来不利影响，通常称为风险性（或不确定性）[1]。

技术创新风险主要表现在：①技术性风险。例如企业技术开发的成熟度不够而低于实际需要的技术水平，在企业本身并未觉察的情况下而盲目试制、生产和销售。技术性风险可能来自三个方面：一是企业自身的技术力量（或与其他部门合作之后的技术力量）薄弱；二是信息闭塞，或不全，或失真；三是技术创新经历时间过长，而同行业或同类企

---

① 严格地说，风险性与不确定性两者是有差异的；后者的强度要大于前者。关于两者详尽差异，请读者参考有关数理统计类书籍，这里不再赘述。

业的技术进步导致本企业的创新产品贬值。②市场性风险。这类风险主要来自：其一，消费者的消费观念和需求发生变化；其二，在企业技术创新过程中竞争对手已抢先一步推出类似的新产品；其三，市场上与本企业创新产品相类似的商品价格呈下降趋势。③自然性风险。即由于天气、环境、季节性变化而引起的风险。④人文社会性风险。这种风险包括产权变更、政策、法律、国际关系等变化而引起的风险。⑤决策风险。它是指由于企业家技术创新决策不慎而产生的失误。古训"一失足成千古恨"，说明决策失误造成的损失是巨大的，往往难以弥补。

3. 创造性

企业的任何技术创新活动（产品创新、工艺创新、服务创新等），哪怕是微小的创新都是对原有的传统活动的改进或变革，都是人类的进步，因而技术创新是企业的一种创造性行为，是企业创新观念的实践。正是基于这一特征，熊彼特将创新活动比喻为一种"创造性的破坏"。我们通常表面上见到的是企业的新产品、新工艺或感受到某种新服务，但是实质上这些都蕴涵着企业的创造理念，反映着企业的创造精神和行为。这种创造性源于企业的凝聚力，以及在此基础上焕发出的积极性和主动性和强烈的创新意识。

4. 累积性

新一轮的技术创新通常都要以先前的创新成果为基础，这并不是对原有产品和传统工艺的否定，而是在已有知识累积到一定程度的基础上对原有产品和工艺的一种扬弃和技术突破。技术创新的另一层含义是指某项技术创新并不一定会带来技术上的重大突破；在现实中，大量成功的技术创新往往是渐进性的，是点点滴滴累积的结果，而不一定是技术上的新飞跃。①

5. 扩散性

任何创新成果都是暂时的。当某项创新产品投入市场后，在一段时期内可能处于垄断地位，但时间一长，就会招致一些模仿者，而且越来越多，随之而来，市场上会出现竞争产品；因而垄断局面将被竞争局面所取代，从而会推动整个行业的技术进步。其他行业也会如此，而多个

―――――――――

① 孙一民：《现代企业技术创新》，山西经济出版社 1998 年版，第 3 页。

行业的技术进步就会推进整个社会的技术进步，从而促进一国的经济增长。而上述"某一企业的创新成果→多个企业的产品→行业技术进步→国民经济发展"的整个过程就是技术创新的扩散性机理。

（二）中小企业技术创新的优势和劣势

世界上任何国家和地区的现代化建设都必须依靠大企业，因为它是国民经济的命脉和支柱，但也应看到，中小企业在促进经济增长、增加就业、扩大出口和推动技术创新等方面的不可替代性。

就技术创新来讲，由于中小企业自身的特点，决定了它与大企业有诸多不同特点。

一是中小企业组织结构简单紧凑、管理层次少，因而灵活性较大，技术创新的效率往往高于大企业。中小企业的技术创新实力明显不如大企业雄厚，但它却能够根据创新产品的实际需要，集中必要的人力、物力和财力，最大限度地提高资源的利用率和转化效率，取得可观的经济效益。例如，来自欧盟的调查表明，中小企业 R&D 的单位投入所产生的新产品是大企业的 3.5 倍。

二是中小企业生产的专业化、产品的单一化程度往往高于大企业，具有"船小好调头"的优势，一旦实施技术创新，其成功率往往高于大企业。其主要理由在于：①中小企业的设备往往小型居多，而小型设备的技术改装、技术改造相对容易。②中小企业的技术人员和技工往往是"通才"，通常熟悉多种机器设备和生产工艺，这对于开发新产品、改进传统工艺、改制新设备，采用新原材料等创新行为，可以群策群力，充分展示其潜力。③产品的单一化程度高，有利于改进产品设计和进行产品的更新换代。哪怕是开发一种与原有产品不太相关的新产品，也应是轻而易举的事情。据日本中小企业厅的调查结果表明，中小企业的技术创新成功率要比大企业高出一倍有余。

三是中小企业资金相对较少，科研力量相对薄弱、设备有限，这就决定了它在技术创新方向的选择上比较重视应用型技术创新，而对投资多、见效慢、规模大的基础性技术创新很少问津，因此中小企业技术创新的周期相对较短，即速度相对较快。详见表 3－1。

表 3 – 1　　　　　　　技术创新与产品进入市场所需的时间　　　　　单位：年

	产品设计	生产样品	投入生产	进入销售	合计
小企业	0.69	0.18	1.17	0.18	2.22
大企业	0.99	0.39	1.36	0.31	3.05

　　资料来源：盖尔曼研究所；转引自汤世国《技术创新——经济活力之源》，科学技术文献出版社 1994 年版，第 108 页。

　　1997 年来自日本的一项调查透露，按照顾客需要进行技术创新的，在中小企业中占 64.5%，而在大企业中占 54.5%；根据研究开发人员自己的想象力和超前观念进行创新的，在中小企业占 35.4%，而在大企业却占 45.5%。这说明小企业更注重顾客的眼前需求，而大企业却勇于向顾客推荐自己的创新成果。[①]

　　四是中小企业的企业家既是技术创新的决策者，又是参与者，这有助于中小企业接受技术创新或有助于解决技术创新中所存在的各种问题。大企业的技术创新一般都由专门的研究开发部门进行，其决策过程和实施过程往往要经过若干环节，大企业的企业家用于技术创新上的精力一般有限，只是负责有关技术创新的原则方针等事宜，而很少亲自参与。

　　通过上述分析可以看出，中小企业在技术创新方面与大企业相比具有一定的优势。美国小企业管理局曾对 362 个行业中的 80742 项创新成果进行分析，发现其中约有 55% 是小企业做出的贡献。另据考察，20 世纪美国的许多重大创新是小企业完成并推向市场的。如表 3 – 2 所示。

表 3 – 2　　　　　　　20 世纪美国小企业的若干重要创新成果

空调器	飞机	自由翼飞机	人造革	装配流水线	录音机
铰接式拖拉机底盘	大地测量天线整流罩	石油催化裂化	计算机血压控制仪	DNA 指纹打印	计算机断层扫描仪
电震发生器	连续铸造	双头编织法	酚醛塑料	调频收音机	前端装载机
集成电路	陀螺仪	心脏起搏器	热敏元件	清棉机	液压制动器
高清晰度 X 光显微镜	人类生长激素	生物合成胰岛素	高清晰度数字 X 光机	肾结石激光仪	核磁共振扫描仪
口服避孕药	微处理器	光学扫描仪	活动房屋	个人计算机	照相排版

　　① 唐菊裳：《国外小企业——融资、管理、创新、模式》，中国计划出版社 1999 年版，第 274 页。

续表

一次成像照相机	笔记本式计算机	预应力混凝土	国内隔夜快递	压敏胶膜带	可编程计算机
速冻食品	阅读机	石油钻头	安全剃刀	6轴机械手	隐形眼镜片
固体燃料火箭发动机	立体地图扫描仪	脉管故障激光器	可变输出变压器	超级计算机	双臂机器人
频闪灯	应变仪	静电复印	X光望远镜	拉链	真空管

资料来源：唐菊裳：《国外小企业——融资、管理、创新、模式》，中国计划出版社1999年版，第270页。

　　据对362个行业产品的进一步分析表明，小企业的人均创新数量是大企业的2.38倍；小企业的人均重大创新数量也是大企业的2倍。美国小企业管理局将技术创新按重要性分为三类：①首次推出的新产品；②现有技术的重大改进；③现有产品的改进。在小企业的人均创新中，第一类是大企业的1.91倍，第二类是1.92倍，第三类是2.46倍。[①]

　　从我国来看，中小企业的产品更新、设备更新等方面的技术创新也要快于大型企业。有关部门对天津、上海、湖北等地的大、中、小型企业进行了调研，其结果表明：近20年来，工业部门自己创造的新技术、新工艺、新产品、新设备，75%—80%来自中小企业。

　　我国著名学者唐菊裳先生长期致力于中小企业发展问题研究，曾对小企业和大企业在技术创新中的优势和弱点进行了比较研究，如表3－3所示。

表3－3　　　　　小企业和大企业在创新中的优势和劣势比较

	小企业	大企业
营销	对市场需求的变化能迅速作出反应。但开拓市场的代价较高	具有健全的经销和服务体系。对现有产品有较强的市场开发能力
管理	清规戒律少，有活力。业主/经理敢冒风险，能抓住机遇，当机立断	职业经理有控制内部复杂机构的能力，也善于制订公司战略。但官僚机构办事效率低，决策时往往受怕担风险的业务人员的牵制。经理大多是行政管理人员，对可能带来长远发展前景的机遇缺乏敏感性

---

　　① 唐菊裳：《国外小企业——融资、管理、创新、模式》，中国计划出版社1999年版，第274页。

续表

	小企业	大企业
内部交流	具有非正规的、有效的内部交流网络，解决问题快	内部交流的手续烦琐，渠道不通畅，导致对来自外部威胁或机遇反应迟钝
技术力量	往往缺乏称职的技术人员和设施，难以在相应规模上将技术力量组织起来支持研究开发	有能力引进关键的科技专家。有力量建立和支持大型研究开发实验室
外部联系	缺乏时间和资金用来物色和引进关键的科技力量和信息	有能力物色外部科技人员并提供必要的信息和设施。可以将研究开发任务分包给有专业特长、成本较低的外部单位。有实力购买关键信息和知识产权
融资	筹措资金，尤其是风险资金的难度大。创新往往意味着是一项不自量力的财务风险。也没有能力同时投入若干项目，以分散风险	有能力同时投入若干项目以分散风险。有较大能力进行新产品和新工艺的多样化开发，以及多渠道开拓新的市场
规模经济	在某些领域规模经济对小企业带来负面影响。无力建设完整的生产线，进行生产的纵向一体化	有能力在研究开发、生产和营销中取得规模经济效益，有能力开发生产一系列相互配套的产品。有能力对大型项目投标
扩展	难以为扩大生产筹措资金。经理难以控制因扩大规模而越来越复杂的机构	有能力为扩大生产筹措资金。有能力为多种经营组织联合企业或兼并其他企业投入资金
知识产权	在处理知识产权时会遇到难题，也无时间和精力投入法律诉讼	有能力聘请知识产权专家。能对侵权者提出法律诉讼
政府管理	往往不能适应复杂的规章制度。企业难以承担照章办事带来的开支	有财力为烦琐的规章制度提供法律服务。为应付政府管理而引起高昂支出，可以在规模经营中分摊

资料来源：唐菊裳：《国外小企业——融资、管理、创新、模式》，中国计划出版社1999年版，第272页。

从表中我们不仅可以看出小企业在技术创新中的优势，同时也可以清晰地看到它的劣势，诸如资金筹措难度大，缺乏称职的技术人员等（这里不再赘述）。就我国目前中小企业技术创新和发展的现实来看，急需从四个方面扶持中小企业的技术创新：一是建立宏观管理体系，以指导中小企业的技术创新；二是建立统一的法律体系，以保护和规范中小企业的技术创新；三是建立政策支撑体系，以扶持中小企业技术创新；四是建立社会化服务体系，以促进中小企业技术创新。

需要指出的是，仅就上述中的第三、第四方面来讲，在美国，中小企业在没有大学参与的技术创新活动中，其投资回报率一般为114%，而在有大学参与的活动中，其投资回报率可达144%。因此，中小企业技术创新更有赖于与外界的合作和政府的大力扶持。

二　中小企业技术创新的基本类型

划分中小企业技术创新的基本类型一般要依据：①技术创新的目标或内容；②技术创新的影响程度或重要性；③技术来源；④技术创新主体的产业类型四个方面。

（一）按创新目标或内容分类

根据技术创新的目标或内容，可将其分为产品创新、服务创新、工艺创新和管理创新等类型。按创新目标或内容分类是一种重要且流行的分类方法，因此本章的以下几节内容将重点阐述；在这里，只是简单介绍。

1. 产品（技术）创新

它是指企业向市场上首次推出在技术上有某种改变的新产品过程。在技术上有某种改变，可以是原有产品性能的提高，外观的改善，耐用程度的增强，也可以是性能、外观等完全不同的全新产品。

2. 服务（技术）创新

它是指企业向市场首次推出在技术上有某种改变的新服务过程。例如，近年迅速发展的电子银行、电子商务、网络服务等。随着近些年第三产业的迅速崛起，服务创新的比重在逐年加大。

3. 工艺（技术）创新

它又称过程创新，是指对产品的生产技术的改进或变革，这种新的生产技术，可以是采用新的原材料或半成品，可以是采用新的或改善的夹具、模具，也可以是采用新的或改善的新设备、新工序，或新的加工形式等。

产品创新和工艺创新两者的关系通常有两种情况：一是两者有联系，即中小企业推出某种新产品，会带来工艺上的创新；二是两者无甚联系，即工艺上的改变（创新）对产品的性能、质量等影响不大，只是降低了活劳动消耗。后者在中小企业技术创新活动中也是比较常见的。有时会出现这样的情况，对某个行业是产品创新，而对另一个行业则是工艺创新。例如，对计算机软件企业来说，计算机激光照排系统是该企业（北大方正公司）的产品创新，而对广大印刷行业来说，则是工艺创新。

4. 管理（技术）创新

它是指中小企业针对某项任务或为了实现某种目标（如产品创新）综合运用多种资源的计划、执行、指挥、监督、控制的新的组织行为过程。从这个意义上来说，管理创新也包括组织创新。管理创新不一定是指某种行之有效的管理方法，而是一种全新的或改进的管理理念和管理方式。企业发展历史中将所有权与经营权分离的改革，就是一项管理上的重大创新。20 世纪 60 年代以来，在物料管理上实行零库存的准时生产制，大大提高了企业的经济效益，也是重大管理创新。调查反映：在美国的小企业创新中，产品创新占 32%，服务创新占 38%，工艺创新占 17%，管理创新占 12%。①

值得指出的是，将中小企业技术创新按内容划分为如上四个方面，主要是从企业的技术经济供给和实现过程来考虑的。产品创新和服务创新通常表现在中小企业为满足市场需要而提供的产品和服务上——技术目标。工艺创新通常表现在中小企业为满足自身生产技术要求（或市场需求）的生产过程中。而管理创新则通常表现为在技术经济目标驱使下，将各种物质技术因素（生产资源）运用某种管理技术（又称软技术）科学合理组合起来，使其转化为新产品（或新服务）并推向市场的组织行为过程，因而也有人将管理创新称为软技术创新。

当前在学术界也有人不同意上述观点，认为技术创新应独立于制度创新和管理创新，即三者存在并列的关系，企业发展的关键在于三者的综合运作。持这种观点的学者进一步认为我国国有企业所有权和经营权的两权分离的改革属制度创新范畴，也是核心；而技术创新并不涉及制度因素；管理创新则是将前两者有机结合起来的过程。

事实上，产生上述差异的原因只是看问题的角度不同而已。但认为制度创新主要指中小企业中的产权制度改革未免过于片面，因为企业制度除了含有产权制度外，还应包含与企业发展有关的其他制度，诸如政策法律制度、岗位责任制度、质量检验制度、标准化制度等一系列制度。因此，认为技术创新并不涉及制度因素，也有失公允。事实上，在微观领域，技术创新除了企业应具备一定基础条件外，还应有一系列相

---

① 参见唐菊裳《国外小企业》，中国计划出版社 1999 年版，第 268 页。

关的管理制度作保证，这样才能使中小企业技术创新有章可循、有
"法"可依；而在宏观领域，政策、体制、法律、法规等构成了中小企
业技术创新的制度环境（又称软环境），这一软环境的优劣，对中小企
业的创新活动也将会产生十分重要的影响：好的环境会起到促进作用，
差的环境将起到制约作用。这一点已经被大量的国内外创新实践所
证明。

（二）按创新的影响程度或重要性分类

按照这种分类方法，可将技术创新分为渐近性创新和根本性创新
两类。

1．渐近性创新

它是指中小企业通过对产品（服务）的局部改进，从而改善整个产
品（服务）的创新。这种局部改进，采取新的结构或新的外观。由于
中小企业的技术水平和创新能力有限，一般应以渐近性创新为主；待企
业发展壮大，技术创新能力有所增强之后，可考虑根本性创新。

2．根本性创新

它又称为重大产品（服务）创新，它是指中小企业通过对产品的
重大改进或者向市场推出全新产品的创新。根本性创新的结果使产品
用途及其应用原理较以往有了显著的、根本性的变化。而渐近性创新
的结果则使产品的用途及其应用原理较以往只是有了轻微的、渐近性
的变化。

美国贝尔公司发明的电话和半导体晶体管，斯佩里兰德生产的电子
计算机，美国无线电公司生产的电视机是根本性创新的实例；而由火柴
盒、包装箱发展起来的集装箱，由收音机发展起来的组合音响等则是渐
近性创新的实例。

（三）按技术来源或战略模式分类

按照技术来源或战略模式划分可将中小企业的技术创新分为自主创
新、模仿创新、引进创新和合作创新。

1．自主创新

它是指中小企业主要依靠自己的技术力量，致力于率先使某种新
产品（服务）商品化的过程。依靠自己的技术力量，是指创新思想源
于自己；研究与开发、试制、制造和销售等环节主要由自己来完成。

自主创新适合于那些技术力量比较雄厚，技术创新能力较强的中小企业。

2. 模仿创新

它是指中小企业通过学习模仿其他创新者的思路和创新行为，吸取其成功经验和失败教训，引进并破译领先者的核心技术，并加以消化、吸收和改进的过程。对中小企业来说，模仿创新是一种非常普遍的创新行为。因为任何创新总会招致众多的模仿者，而这些模仿者的劳动成果又会被其他的模仿者进一步模仿，使得新技术不断提高，新产品和新工艺不断得到改进，由此推动经济增长。由于模仿创新的风险低、投入小、效率高、见效快，因此这种模式通常受到广大中小企业的青睐。

3. 引进创新

它是指中小企业根据自身实际，通过技术引进（如购买专利技术）方式获取技术来源的一种创新方式，这种方式相对于模仿创新，投入相对较大，但回报率也较高，引进创新的做法与模仿创新大体雷同，只不过技术来源不同而已。

4. 合作创新

它是以技术创新为目标，以合作为基本手段，以资源互补为核心内容的创新活动。中小企业的合作对象可以是与本企业相关的高等院校、科研院所，如在前些年，福建三明制药厂和福建医学院合作开发的蛇酶注射液项目；也可以是同行业联合，实现资源互补；还可以与大企业合作，利用大企业的技术、人才、设备和中小企业自身的灵活机制，开发一些投资不大、短平快的新产品。

（四）按中小企业归属的产业类型分类

按中小企业自身归属的产业类型可分为高新技术产业的创新和传统产业的创新。很显然这属于宏观技术创新领域的分类方法。

1. 高新技术产业的技术创新

今后一个时期，"发展高科技，实现产业化"将是我国中小企业技术创新的重点。该领域主要包括：①电子信息特别是集成电路的设计与制造；②网络与通信；③计算机及软件，数字化电子产品；④生物技术与新医药；⑤新材料；⑥新能源；⑦其他高新技术。该领域的技术创新除应突出根本性创新外，也应重视渐近性创新。

2. 传统产业的技术创新

传统产业，通常是指食品加工工业、纺织服装工业、建筑建材工业、机器设备工业、农林牧渔业、冶金、汽车、机电配件、饮食服务等行业。我国目前仍然是一个传统产业占主体地位的国家，中小企业中的绝大多数属传统产业范畴。因而中小企业技术创新的重点，除了应搞好高新技术中小企业的创新外，在很大程度上取决于对传统产业中的中小企业的技术升级和技术创新。在传统产业的中小企业中引入高新技术，实现两者的嫁接，应是我国今后一段时期内的主攻方向。那种认为似乎世界发达国家都在加速推进高新技术产业的技术创新和发展，因而我们也应该把主要力量放在高新技术产业的发展上，尽快淘汰传统产业部门的观点，是片面而有害的。

处于传统产业中的中小企业还将长期存在和发展的理由有如下几点：

其一，从社会经济结构来看，传统产业及其中小企业有着高新技术产业所无法替代的作用。

其二，从社会需求来看，我国目前并不富裕，老百姓既缺少房屋，也缺少汽车，甚至还有部分人缺衣少食，因而对传统产业及其中小企业的需求仍然非常旺盛。

其三，从传统产业的资本有机构成来看，要高于高新产业，多数属于劳动密集型产业。允许其存在，促进其发展，有助于解决人口众多、就业人口压力大等问题，同时有些劳动密集型的中小企业，还可以使教育程度不高的人也有工作可干。这对于促进经济发展和保持社会稳定具有十分重大的意义。

其四，从我国劳动力价格来看，由于低于世界平均水平，因而某些传统产业部门及其中小企业在国际贸易中具有很大的竞争力，有利于产品出口。

当然，我们也不能回避矛盾。当前我国传统产业部门及其中小企业存在诸多问题的根源是技术水平太低。因而解决这一问题的关键是推进传统产业及其中小企业的技术创新和升级。否则，就不可能加快发展。

第三节　产品创新

一　产品创新的概念

产品创新是指企业通过创新过程获得并在市场上首次实现其商业价值的新产品。

任何一种产品，都可以按其功能、外形等特征划分为核心层、形式层和延伸层三个层次，如图 3－1 所示。消费者对产品的需求应该是上述的全部。在现实中，较多中小企业往往只重视核心层和形式层的开发和创造，忽视延伸层，致使产品的寿命周期缩短，企业信誉下降。

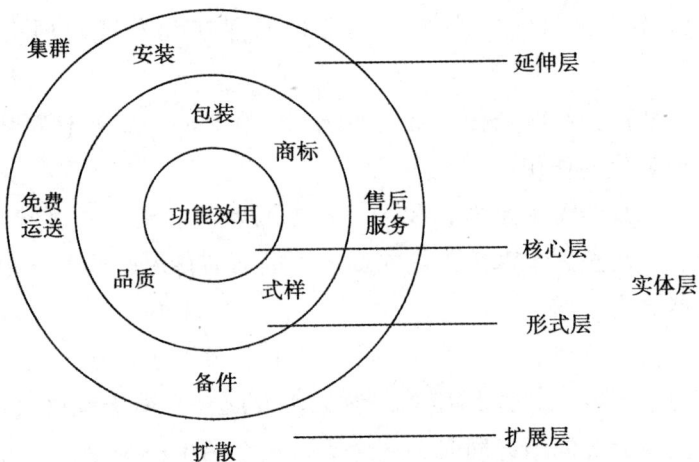

图 3－1　产品层次（整体产品）

因此，中小企业的产品创新应是对上述三个层次的创新，即功能效用的改善和创新，产品外包装、式样、品质的提高和创新，售后服务的强化和创新（也有人称为服务创新——即狭义的服务创新）。

二　产品创新的类型

关于产品创新类型的划分目前有两种分类方法：一是依据产品三层次理论划分；另一种则是依据整体产品的创新程度划分。

（一）依据产品三层次理论划分

如图 3－1 所示，这种理论认为在原有的产品三个层次之外，还存在一个扩展层。由于该层的存在，使得某种产品在长期内会形成产业"集群效应"和产业间的"扩散效应"，由此推动某一产业及相关产业的发展，从而促进经济增长。对此，人们称其为"技术扩散"。持此观点的学者认为，可以将核心层和形式层合并为实体层。通过这种处理，可将产品创新划分为实体型产品创新、市场型产品创新和产业型产品创新。

一是实体型产品创新，即一般意义上的产品创新。

二是市场型产品创新，即实体产品并无显著变化，只是由于中小企业采用了新的营销策略和方式，使更多的用户得到新的满足，对应的是产品延伸的变革，也有人称之为服务创新。

三是产业型产品创新，即通过产品进入市场后的"集群"和"扩张"，而对产业发展产生一定影响的产品创新，它所对应的是产品扩展层的变革。

（二）依据整体产品的创新程度划分

按照整体产品的创新程度，产品创新可分为模仿型产品创新、改进型产品创新、换代型产品创新和全新型产品创新四类。

1．模仿型产品创新

它是指中小企业模仿市场上已出现的产品，有时在仿制时有可能对产品的局部（例如颜色、式样等）做出改进和创新，但基本原理、功能和结构是仿制的。

这种创新是产品创新的初级形式。短期看，会使中小企业积累技术创新的经验，增强产品开发和研制的能力，获取经济效益。但长期下去，并不可取。一般来说，对于新成长的技术力量较为孱弱的中小企业来说，模仿创新应是企业产品创新的必经阶段。

2．改进型产品创新

它是指企业对原有产品进行局部改进，以增加规格型号，提高产品质量，改进结构功能，节省能耗，变更一部分原材料等。这种形式的产品创新适合于该产品的市场尚未饱和，但原产品在使用消费中的缺陷和不足已经影响到企业经济效益的提高，如果不加改进，势必会给企业带来不利的影响。很显然，这种创新也适合于企业通过合法手段（如购买专利）引进的产品制造技术或对原有专利技术的改进。改进型产品创新也比较适合于技术力量较弱的中小企业。

3. 换代型产品创新

它是指企业采用新材料、新元件或新技术，使产品功能有重大突破的产品。例如，电子计算机问世至今 60 余年，已从电子管、晶体管、集成电路进入大规模集成电路的第四代产品，目前已在研制第五代具有人工智能的新型电子计算机。

换代型产品创新与改进型产品创新两者比较起来，虽然都属"改进型"，但后者属于"量变"，前者属于"质变"，即后者改进程度要小于前者。换代型产品创新主要是由市场需求状况（即产品寿命周期变动），以及技术发展的可能性所决定的。中小企业实现换代型产品创新往往需要具备坚实的物质技术基础。

4. 全新型产品创新

它是指企业应用新原理、新结构、新材料和新技术制造的前所未有的新产品。它是企业应用科学技术的新成果，再将其转化为现实产品的一系列活动。如蒸汽机、发电机、电子计算机、电动剃须刀、微型电池等创造发明，在当时情况下，就属全新型的产品创新。这些创新在短期内，会使企业产品在市场上占有"垄断"地位；长期看，会引起整个技术体系的变革。中小企业从事此类产品创新，往往难度较大。通常的做法是借助于企业以外的力量，如与高等院校、科研院所等单位联合，共同攻关，走合作创新之路。

三　产品创新的步骤

技术创新过程分为创新构想、研究与开发、设计、生产和营销五个阶段。产品创新是技术创新的主要内容之一，因而产品创新也要经历这五个阶段。接下来，我们要研究的是各个阶段上的具体步骤和阶段性成果（或目标）形式。如表 3-4 所示。

表 3-4　　　　　　产品创新各阶段上的具体步骤和成果形式

创新阶段	各阶段步骤	成果形式
创新构想	提出某些产品创新的设想和初拟方案	可行性研究报告，立项申请和立项通知书
	收集与方案有关信息，企业环境和内部能力分析、方案筛选	
	方案决策和立项	

续表

创新阶段	各阶段步骤	成果形式
研发阶段	研发小组人员依据立项申请书进行分析，提出研发计划	新产品鉴定书、产品样品和研发报告
	研发投入，组织落实，研制产品样品，中试	
	提出产品样品、鉴定、拟订产品说明书和研发报告	
设计阶段	技术人员依据《研发报告》的产品样品开展设计	全部技术图纸和其他技术资料
	为下一步生产提供全部图纸、工艺要求和其他技术资料	
生产阶段	生产计划部门拟订生产计划并下达投产指令	部分新产品和产品说明书
	供应部门提供原材料、标准件、设备和动力等	
	在车间，工人按图纸和技术要求实施生产	
	生产出一部分新产品，拟订产品说明书	
销售阶段	组织销售人员，熟悉产品和产品说明书	销售报告和新产品改进建议书
	组织公关人员通过各类媒体宣传本产品	
	运用多种渠道试销或直销本产品	
	对消费者反馈的意见和销售情况进行分析	
	撰写产品销售情况报告，对产品的改进提出建议	

表 3-4 中详细列举了中小企业产品创新所必须经历的阶段和具体步骤，但还需做如下说明：

（1）关于"立项"问题。这里的"立项"是指确立某项目或某产品。这分为两种情况：一种是中小企业自筹资金开展的产品创新项目，属于"自行立项"，无须主管部门或科技管理部门批准；而另一种是中小企业根据自身情况向科学管理部门申请资助的"申请立项"，这种情况则需报请主管部门或科技管理部门批准，才能"正式立项"。

（2）关于"新产品鉴定"问题。中小企业通过创新构想和研发阶段之后，研制出的新产品样品，必须经有关部门鉴定，即取得"法定资格"后，才能进入设计、生产和销售阶段；否则，是不允许投入市场销售的。如若不然，企业研制的"新产品"，未经鉴定就投入设计等阶段，会造成人力、物力和财力的浪费。这在现实中并不少见。

因此，中小企业只有在详细了解产品创新的阶段、步骤和阶段性成果形式的全部内容的基础上，才可以开展这项工作。

四　产品创新的组织形式

对中小企业来说，产品创新的组织形式一般分为三种：一是"虚拟组织"；二是专门组织；三是介于上述两者之间的阶段性组织。

（一）设置"虚拟组织"

这种"组织"形式是指在中小企业中，除1—2人专职负责产品创新外，其余人均兼职从事这项工作，即企业中只设置"职能人"，而不设置职能机构。由于这种组织的成员绝大多数是兼职从事，即不存在事实上的组织，因此叫做"虚拟组织"。这种情况比较适合于只有200—100人或100人以下的不常开展产品创新的小型企业。这种"虚拟组织"负责人通常由懂技术、善经营的厂级领导担任。人们通常称其为"新产品开发厂长"。在其之下，各职能部门、各车间的负责人（即"一把手"）应是该"虚拟组织"的成员之一。

这种亦实亦虚的"组织"形式，具有工作效率高、政令畅通、节省开支等优点。但由于专职人员少，且兼职人员通常并不能把更多的精力用于产品创新上，因此，不容易集思广益，产品创新的效果通常较差。采取这种组织形式的中小企业如能把劳动报酬和产品创新业绩结合起来，就可能会收到事半功倍的效果。

（二）设置专门组织

专门组织，通常称为新产品部，或叫产品创新部，或叫新产品事业部，也有人称其为成长发展部。它是一种固定性的产品创新组织，一般是由若干相关职能部门和车间抽调专人组成。这种组织承担产品创新的全部过程。

新产品部的主要优点：

（1）能集思广益，集中精力从事产品创新工作，创新成功率较高。

（2）由于从事专职工作，个人业绩也容易考核，因而容易培养创新人员的成就感。

新产品部的主要缺点：

（1）由于新产品部是新设机构，因而会增加企业的开支。

（2）新产品部在产品创新工作中同样会遇到与其他职能部门之间的协调问题，因此矛盾的解决取决于中小企业高层管理者对产品创新支持的程度。

新产品开发部通常适合于有一定经济实力并能持续开展产品创新的中小型企业。

（三）设置产品创新小组

产品创新小组，又称为创新小组，一般是由少数技术人员和产品策划人员组成的临时性或固定性的组织机构，一般直接由厂领导直接管理。该小组的职能通常是负责产品创新过程的创新构想和研发阶段，而产品创新的其他阶段由设计部门、车间和销售部门来完成相应的产品设计、生产和销售。

很显然，产品创新小组吸取了上述两种组织形式的优点，弥补了上述两种组织形式的不足，是一种广为采取的组织形式。

第四节　服务创新

在熊彼特的论述中没有此类创新，在其后来问世的较多关于创新的专著中对此类创新也很少涉及。这主要与熊彼特及其后来学者们所处的生活年代有关。在当时，以制造业为主的第二产业占据各大产业的主导地位，因而产品创新和工艺创新也很自然地成为他们关注的重点。但在近 40 年以来，世界科技与经济的迅猛发展使产业结构发生了重大变化，以电子信息产业为代表的服务业——第三产业迅速崛起。在大多数国家，特别是西方发达国家，第三产业在国民生产总值中所占的比重已超过第一和第二产业的总和。在一些发展较快的发展中国家中也是三分天下有其一，因此我们应该对服务创新给予更多的关注。① 本节准备就与中小企业服务创新有关的理论问题予以探讨和论述。

一　服务创新的概念和特点

服务创新，是指中小企业运用新的知识或技术，采用新的经营管理模式，向市场首次推出新的服务并实现其市场价值的过程。

服务创新与产品创新不同。产品创新是企业推出的新的实物产品，

———————

① 罗伟等：《技术创新与政府政策》，人民出版社 1996 年版，第 17 页。

消费者获得并使用该产品后主要获得物质利益上的满足。而服务创新是企业推出的新服务——无形产品，消费者获得并使用该产品后主要获得精神或生理、心理上的满足。因此，交通运输、通信、金融、保险、商业、科技、信息、教育、文化、卫生、体育、旅游、咨询、饮食服务和修理等第三产业是广大中小企业从事服务创新的主要领域。例如，某保险公司开发的新险种，某旅游公司开辟的新旅游线路，某饭店开展的连锁经营，某诊所运用先进医疗设备扩大诊疗范围等，均属第三产业中小企业的服务创新。

值得指出的是，这里的服务创新是广义的服务创新，也包括第一产业和第二产业的产前、产中和产后的服务创新。如果某种产品的售后服务属常规性的，则不属服务创新范畴。深入理解产品创新概念还应了解服务商品与实物商品相比，具有某些特殊性。服务商品的特点主要有：

1. 不可感知性（Intangibility）

不可感知性可从两个不同的层次来理解。首先，它是指服务若与有形的消费品比较，服务的特质及服务的元素往往是无形无质的，让人不能触摸或凭肉眼看见其存在。此外，它还指服务不仅其特质是无形无质的，甚至使用服务后的利益也很难被察觉，或是要等一段时间后享用服务的人才能感觉到利益的存在。因此，人们不可能在购买服务之前，去尝、感觉、触、见、听或嗅到服务，而是必须参考许多意见与态度以及各方面的信息，再次购买则依赖先前的经验。

2. 不可分离性（Inseparability）

有形的产业用品或消费品从生产、流通到最终消费的过程中，往往要经过一系列的中间环节，生产与消费的过程具有一定的时间间隔。而服务则与之不同，它具有不可分离性的特征，即是服务的生产过程与消费过程同时进行，也就是说，服务人员提供服务于顾客时，也正是顾客消费服务的时刻，二者在时间上不可分离。由于服务本身不是一个具体的物品，而是一系列的活动或者说是过程，所以在服务的过程中消费者和生产者必须直接发生联系，从而生产的过程也就是消费的过程。服务的这种特性表明，顾客只有而且必须加入到服务的生产过程中才能最终消费到服务。

3. 差异性（Heterogeneity）

差异性是指服务的构成成分及其质量水平经常变化，很难统一界定。区别于那些实行机械化和自动生产的第一与第二产业，服务行业是以"人"为中心的产业，由于人类个性的存在，服务的质量检验很难采用统一的标准。

4. 不可贮存性（Perishability）

基于服务的不可感知形态以及服务的生产消费同时进行，使得服务不可能像有形的消费品和产业用品一样被贮存起来，以备未来出售；而且消费者在大多数情况下，也不能将服务携带回家安放。当然，提供的各种设备可能会提前准备好，但生产出来的服务如不当时消费掉，就会造成损失（如车船的空位等）。不过，这种损失不像有形产品损失那样明显，它仅表现为机会的丧失和折旧的发生。因此，不可贮存性的特征要求服务企业必须解决由缺乏库存所导致的产品供求不平衡问题，以及如何制定分销策略来选择分销渠道和分销商、如何设计生产过程和有效地灵活处理被动的服务需求等问题。

5. 缺乏所有权（Absence of Ownership）

缺乏所有权是指在服务的生产消费过程中不涉及任何东西的所有权转移。既然服务是无形的又不可贮存，服务在交易完成后便消失了，消费者并没有"实质性"地拥有服务。以银行取款为例：通过银行的服务，顾客手里拿到了钱，但这并没有引起任何所有权的转移，因为这些钱本来就是顾客自己的，只不过是让银行帮忙保管一段时间而已。缺乏所有权会使消费者在购买服务时感受到较大的风险。如何克服此种消费心理，促进服务销售，是企业人员所要面对的问题。一些服务企业采用"会员制度"的方法维护企业与顾客的关系。当顾客成为企业的会员后，他们可享受某些特殊优惠，让他们从心理上感觉到，就某种意义而言，他们确实拥有企业所提供的服务。[1]

正是由于服务产品的上述特点，决定了服务创新与产品创新有诸多不同之处。

二　中小企业服务创新的具体目标

中小企业在制订本企业目标时应首先考虑到被服务对象的需求是什

---

[1]　参见郭国庆《市场营销学》，武汉大学出版社1996年版，第431—433页。

么。这种需求与人们对物质产品的需求不同，往往带有主观性、间接作用性和长期效果性。

主观性，是指人们享用服务商品后，通常获取的是生理上或心理上的满足感。如某局部烧伤病人接受整容手术获得极大成功后的感受。

间接作用性，是指被服务对象接受服务商品后，会间接地改善原来境遇的作用。如某企业接受信用社一笔贷款，虽然对信用社的贷款需连本带利按期归还，但却解决了该企业的暂时困难，改变了该企业资金短缺的境遇。

尽管服务商品需求具有主观性和间接作用性，但累积起来会产生长期甚至是永久性的效果。如某旅游者经常被某旅行社的服务创新所吸引，每年都要参与该旅行社组织的旅游，通过这种活动，不仅精神饱满，而且强身健体。

在一般情况下，中小企业服务创新应考虑被服务者的如下需求：①生产、生活更方便、更快捷的需求；②减少劳动量、减轻劳动强度的需求；③改善生存、工作环境的需求；④舒适愉快、强身健体的需求；⑤确保人身、财产安全的需求；⑥情感交流、加强友谊的需求；⑦促进相互尊重、增强自信心，体现自身价值的需求；⑧延长商品使用寿命，节省开支的需求；⑨租赁需求；⑩供求沟通需求；⑪信用担保需求；⑫技术提高需求；⑬扩展知识需求；⑭产销衔接需求等。

中小企业在设计服务创新目标时应尽量多样化，但这并不是说要求企业同时满足上述诸多方面的需求，而是立足于本企业的创新能力；通过市场调研，有时还要结合物质商品的特点，来选择有市场价值的创新目标。例如，推出何类创新服务，满足用户何种需求，动用何种技术手段来实现创新服务等。

三　服务创新的有形展示

（一）有形展示的概念

服务商品因其"无形性"而大大不同于实物商品。实物以物质形态存在，看得见、摸得着；而服务则以行为方式存在，既看不见，也摸不着。但与服务行为方式相关实物的存在或展示却对用户产生"吸引"作用的原理却是客观存在的。中小企业在为顾客服务时，顾客看不到服务，但却能看到与该项服务有关的服务设施、工具、人员、信息资料、其他顾客和价目表等。所有这些有形物都是顾客是否要接受创新服务的决定性因素。

服务创新的有形展示，就是把无形的服务创新用与之有关的实物表现出来的行为。近些年来，有很多服务企业不惜花费"重金"装修营业场所的"门脸"。这实际上就是一种服务创新的有形展示。

（二）有形展示的内容

有形展示的内容通常分为三个方面：一是实体环境；二是信息沟通；三是服务价格。

1. 实体环境

实体环境是指服务场所并与之相关的周围环境和人文因素。具体又分为三类：周围因素、设计性因素和人员因素。

（1）周围因素。例如，饭店坐落的地理位置，周围的卫生状况。可以想象，如果饭店设在交通偏僻的地方，或者坐落在卫生状况不佳的地方，是会影响服务效益的。周围因素是不易引起人们高度重视的背景条件，但是，一旦这些因素不够理想或令人不快，就会使用户望而却步或降低消费兴趣。

（2）设计性因素。设计性因素主要是指服务场所的内外装饰、陈设。良好的服务场所设计，可以改善服务产品的包装、使产品的功能更为明显突出，以建立有形的、赏心悦目的产品形象。设计性因素通常包括：美学因素（如建筑风格、色彩）、功能因素（如陈设、方便、舒适）和文化因素（如墙上的图案、文字）。

（3）人员因素。人员因素既包括企业内部服务员工，也包括在服务场所内同时出现的各类人士。他们的言谈举止皆可影响用户对服务质量的期望和判断。服务人员的服饰、谈吐和外貌在服务展示中十分重要，也会对企业的服务创新产生很大影响。

2. 信息沟通

信息沟通是第二种重要的服务展示形式。从企业在有关媒体上登载的广告到企业标记，从对企业创新服务的评议到口头的传播，这些不同形式的信息沟通都传递了有关服务的线索。中小企业积极地营造这种信息沟通，有助于企业开拓市场，扩大服务营销的范围。

3. 服务价格

服务价格是服务创新中唯一能产生收入的客观因素，而其他因素往往招致成本的增加。因而服务价格的确定应十分慎重。而顾客在做出消费决策前也十分关注该项服务的价格水平。服务是无形的，而价格是对服务功能、服务水平和服务质量的可见性展示。按照国家物价局发布的《关于产品和服务收费实行明码标价制度的规定》，所有的实物产品和服务产品都要"明码标价"，但在实际执行中，实物产品居多，服务商品居少。其实明码标价是企业服务展示的重要内容之一。忽略这一点，往往会给企业的服务创新带来不利影响。

四 服务创新的步骤

由于中小企业服务对象的需求多种多样，而企业的功能目标和基础条件千差万别，这就决定了服务创新的阶段步骤也会不尽相同。但其基本步骤大体上是相同的，通常分为五个阶段：一是创新服务构想阶段；二是服务项目确认阶段；三是创新服务设计阶段；四是要素筹措和有形展示阶段；五是企业提供服务和指导消费阶段（如表3-5所示）。

表3-5列举了服务创新的各阶段步骤和成果形式，可供中小企业从事服务创新时参考。

表3-5 服务创新各阶段步骤和成果形式

创新阶段	各阶段步骤	成果形式
创新构想	提出某种服务的设想和初拟方案	可行性研究报告
	搜集资料	
	开展某项服务的可行性研究	
项目确认	企业相关人员对可行性研究报告深入研究	创新服务实施方案项目确认通知书
	试服务；细化实施方案，做前期准备，咨询项目报请有关部门审批	
创新服务设计	企业依据《实施方案》开展服务设计	服务内容程序和要求、有形展示图纸、财务预算方案
	有形展示设计，提出设计图纸	
	提出服务和有形展示的财务预算方案	
创新要素筹措和落实有形展示	资金筹措	有形展示专家意见、服务操作细则
	招聘员工或在职培训	
	落实有形展示	
	第二次服务（邀请专家参与并给予指导）	

创新阶段	各阶段步骤	成果形式
企业提供服务和指导消费	广告宣传或人员推销	服务创新报告
	企业提供创新服务	
	企业指导用户消费	
	搜集用户意见	
	形成服务创新的书面材料	

第五节　工艺创新

一　工艺创新的概念

在中小企业中，"工艺"一词有狭义和广义之分。狭义的工艺是指某一工种的操作技术或操作方法，如车工工艺、木工工艺、铣工工艺、钳工工艺等。而广义的工艺则是指劳动者利用机器或工具对某种劳动对象（天然物、原材料、在制品或标准件等）进行加工或组装处理，使之成为完整产品的一系列活动程序（流程）、方式方法和规则体系。

工艺的设计和组织过程涉及多门学科的知识，具有很强的技术性和艺术性。我们通常所说的"工艺"，一般是指广义，本书中所谈的工艺，也是指广义的工艺。

工艺创新，是指生产（或服务）过程产生技术变革基础上的技术创新，因而又有人称它为过程创新。工艺创新既包括在技术上发生较大变化基础上的全新工艺的创新，也包括对原有工艺的改进（如原材料的变更或加工方式的改变等）所形成的创新。按创新程度不同，可将工艺创新分为四类。

1. 局部性创新

局部性创新，是指在要素结构和过程程序均未发生变动情况下的局部技术改进所形成的创新，如图3－2中的第Ⅰ象限所示。如操作者改进操作方法或选用新型工具加工零部件的创新就属局部性创新。

2. 要素性创新

要素性创新是指在工艺过程基本未变基础上，构成工艺过程中的某要素换新或改造（即技术改造）而形成的创新。如图3－2所示的第Ⅱ

象限。如对某部件加工中，将原有的普通机械夹具改为汽动专用夹具，就属要素性创新。

3. 过程性创新

过程性创新，是指在构成工艺要素基本未变基础上只是改变工艺流程顺序或形式的创新。如图 3 - 2 中的第Ⅲ象限所示。如使用刨床加工的零部件改为由铣床精加工，并不再由磨床磨削的创新。

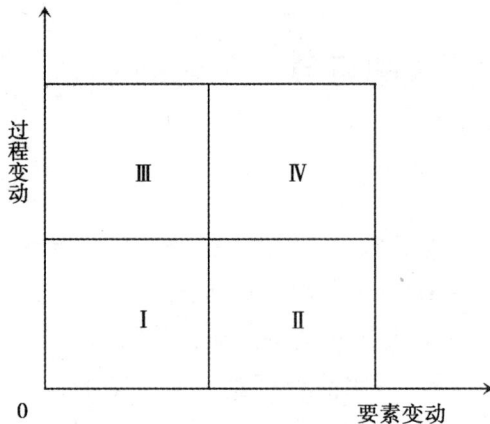

图 3 - 2　工艺创新分类示意图

4. 全面性创新

全面性创新是指工艺要素结构和流程均发生变动所形成的创新，如图 3 - 2 中的第Ⅳ象限所示。例如某产品由机械加工制成改为由精密铸造完成。这一工艺过程中，无论是要素结构还是工艺流程均发生了根本性的改变。这种工艺创新就属全面性创新。

二　工艺创新与产品创新的关系

工艺创新和产品创新，两者都是中小企业技术创新的重要内容，各自都蕴含着一定的技术含量。尽管如此，两者还是有一定差异的。

第一，从侧重点来看，产品创新侧重于创新活动的结果，而工艺创新侧重于创新活动的过程。

第二，从成果形态来看，产品创新一般为物质产品，即有形产品；而工艺创新通常为有形产品和无形产品的统一（原材料、机器设备和工艺装备等为有形产品，而工艺流程、操作规程和技术要求等为无形产品）。

第三，从成果的应用领域来看，产品创新主要是向市场提供产品，其用户可能很多，身份可能是消费者，也可能是生产者；而工艺创新在少数情况下，才向市场提供，其用户的身份只能是生产者，而多数情况下由企业自身享用创新成果。

第四，从创新成果的价值补偿来看，产品创新的价值补偿通过产品的市场销售即可得到；而工艺创新的价值补偿除在少数情况通过市场销售得到补偿外，在多数情况下是通过资产折旧（固定资本）和批量产品售出后，得到补偿。产品创新的价值补偿所需时间相对较短，而工艺创新的价值补偿所需时间较长（通常固定资本需要几个生产周期，流动资本至少需要一个生产周期）。据此，有人认为，产品创新效果明显，而工艺创新效果不明显。因而在现实中，人们比较重视产品创新，不太重视工艺创新。

从上面的分析可以看出，工艺创新和产品创新两者有相同之处，同时也存在较大的差异。

对于同一中小企业来说，工艺创新和产品创新有着密切的联系：一是表现在企业技术创新目标和功能上；二是表现在产品寿命周期的各个阶段上。

首先，表现在中小企业技术创新的目标功能上，产品创新的目标功能在于为市场提供满足人们需要的新产品，增加社会财富；通过实现新产品的市场价值使企业利润最大化。而工艺创新的目标功能在于提高生产效率，改善产品质量，降低物化劳动和活劳动消耗以及改善生产条件。这些功能因素也恰恰是影响企业利润的主要因素。

表面上看，产品创新和工艺创新的目标功能不一致。但从企业经营原则来看，两者的目标是一致的——都是为了使利润最大化。因此，从这个意义来说，工艺创新和产品创新都是至关重要的。即对于中小企业来说，都是其生存、发展和壮大必不可少的技术经济活动，是增强企业软实力的核心举措。

其次，表现在中小企业产品寿命周期的各个阶段上。在产品寿命周期的各个阶段，产品创新和工艺创新具有各自不同的意义。中小企业所生产的任何一项产品在其整个寿命周期中都无不包含产品创新和工艺创新。导入的新产品若是一种独创性的全新的或换代的创新产品，则在成长期、成熟期乃至衰退期都涉及改进和提高产品质量、改善或增加产品功能等方面的产品创新，以及提高生产效率、降低消耗和成本，提高产品竞争力的工艺创新。产品创新和工艺创新具有内在的关联性。一般情况下，产品创新和工艺创新产生的时间序列及其速率呈现出如图 3 − 3 所示的变化趋势。

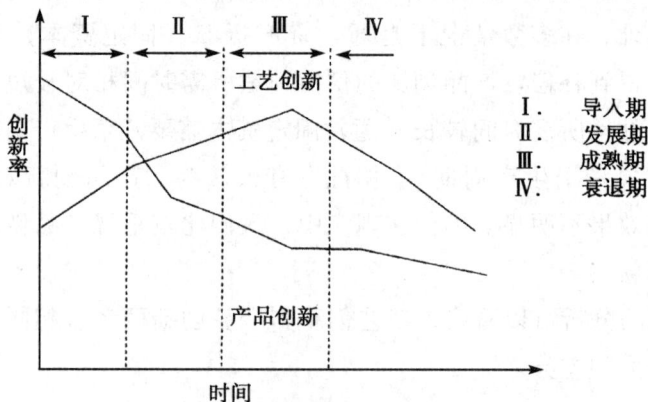

图 3 − 3　产品创新和工艺创新发生率的时间分布

　　在产品导入期，竞争的焦点在于实现产品的功能，并为市场所接受，所以创新类型是以产品本身的变化为主，主要体现为提高产品功能和实现产品设计类型所要求的产品设计创新。

　　在产品发展期，竞争的焦点在于提高质量，实现大批量生产，因此，创新类型转向以工艺创新为主要内容。

　　在产品成熟期，竞争的焦点在于降低生产成本，因此主要是以降低生产中活劳动和物化劳动的消耗、进一步提高劳动和资本生产率为目的的工艺创新，产品创新则主要是以针对目标市场的多层次需要增加该类产品的品种和规模为内容。

　　在产品衰退期，一般可能只存在产品或（和）工艺的局部改进，产品寿命周期的延长在更大程度上依赖于市场创新。因此，按照产品的技术寿命周期和市场周期，企业对换代产品的开发应有相应的预见和准备，即实行"四代同堂"（生产一代、试制一代、预研一代、构思一代）的策略。这一策略，日本的许多企业早已实施，我国有一些科技先导型企业也已接受并开始了这种适时更新和预先研制的做法。

三 工艺创新的内容

工艺创新的内容主要取决于影响工艺创新效果或功能（主要有提高生产效率、改善产品质量、降低成本和改善劳动条件等）的七个方面因素：一是工艺设计方法；二是设备性能；三是工艺装备的先进程度；四是工艺流程的科学性和加工方法是否得当；五是操作规则和方法是否符合要求；六是劳动对象或原材料的选择；七是工作环境。因此在通常情况下，中小企业的工艺创新要围绕着上述七个方面展开。

（一）工艺设计方法的创新

目前绝大多数中小企业仍然运用传统的工艺设计方法，就是对构成企业产品的零件逐个进行工艺设计，即有一张零件图纸，就要编制设计一份工艺流程，这被称为单件工艺或零件工艺。这种工艺虽然针对性很强（即零件与工艺对应），但存在的问题也是明显的，即这种方法忽视了同类型零件间在工艺上的趋同性，工艺人员不得不重复设计，浪费了宝贵的人力、物力和时间。

要对传统的工艺设计方法进行创新，就是要采用一种新型的工艺设计方法——成组工艺设计。

成组工艺设计与传统工艺设计的不同点在于它不是针对某一种零件，而是针对彼此相近、相似的一组零件的加工而设计的，这就使得工艺设计方法发生了质的变化。这种方法可以使工艺设计人员从繁琐的重复性工作中解脱出来，还可以对所设计的成组工艺长期使用，为企业节省了资金。有条件的中小企业也可以采用计算机辅助设计。

（二）机器设备的更新与改造

对我国这样一个生产力发展水平还比较落后，国民经济的技术基础还比较薄弱的国家来说，机器设备的更新改造就显得尤为重要。这是因为我国生产力发展水平之所以落后，在很大程度上是机器设备陈旧、老化，得不到及时更新、改造所造成的。因此广大中小企业必须提高对我国企业内现存机器设备进行更新和改造的紧迫性的认识，不失时机地利用一切有利条件，抓紧抓好对机器设备的更新改造工作，这不仅是中小企业技术创新的内在发展要求，同时也可为国民经济的持续稳定发展奠定坚实可靠的基础。

中小企业对机器设备的更新改造必须坚持如下两条原则：一是坚持需要性和可能性相统一的原则，能修则修，该检则检；二是坚持以推进企业技术进步为前提的原则。

值得指出的是，对机器设备的更新改造主要分为：为扩大生产能力而进行的更新改造；主要为提高产品质量效果，节约生产成本的更新改造；以及为提高生产效率的更新改造。很显然，我们这里所指的工艺创新并不包括第一种情况。

（三）工艺装备的创新

工艺装备，又称工装，它是指在企业生产中所用量具、刀具、夹具、模具、检具和工位器具的总称。工艺装备是加工零件、制造产品、确保产品质量、减少消耗、提高生产效率的又一物质条件。据有关部门统计，在大批量生产的机器制造业中，工艺装备的设计和制造工作量，通常要占全部生产准备工作量的40%左右。例如，由4000种以上零件组成的轻型汽车生产流水线，要制造3000套左右的模具、4000套夹具、几百个模具，要编写15000—20000种工艺。制造工艺装备的总劳动量达150万—200万工时。因此减少工艺设计和制造工作量，对缩短生产准备时间，降低工艺装备的制造费用，加快产品创新有着十分重要的意义。①

目前来看，工艺装备创新的基本思路和途径主要有两条：一是要开发组合式工艺装备；二是要开发成组工艺装备。

1. 组合式工艺装备

它是指利用组合化原理设计和制造的工艺装备。所谓组合化原理，就是首先设计并制造出若干组通用性较强的零部件单元，然后根据实际需要再拼合成不同用途工装的一种标准形式。

2. 成组工艺装备

它是指用成组技术设计和制造的工艺装备，成组工艺装备是指只要

① 陈文安：《创新工程学》，立信会计出版社2000年版，第183页。

工艺人员或操作者稍加调整和补充就能够保证对零件组中所有零件进行加工的各种量具、刃具、夹具、模具和工位器具的总称。应用成组工艺装备也同样是解决工装设计制造时间周期长、劳动量大、成本高和使用效率低等矛盾的一种好形式。[①]

（四）劳动对象的创新

劳动对象就是劳动者运用劳动工具或机器设备将其劳动作用其上的东西，或者说是劳动加工的对象。它分为两种情况：一是指未经劳动者加工的自然物，如林木、矿产、石油、煤炭等；二是指已经过劳动加工的原材料，如食品厂的粮食，中药厂的蜂蜜、淀粉，纺织厂的棉花，机械制造厂的钢材等。

对于中小企业，劳动对象的创新就是要求企业对各类劳动对象（自然物或原材料）进行技术性能和经济合理性分析，从中选择有利于降低资源消耗，提高产品性能（如耐用度）的新型材料，从而取代原有的材料。

在当今世界，科学技术特别是新材料科学的高度发展为劳动对象的创新开辟了广阔的前景。在自然资源逐年减少，材料危机日趋严重的今天，许多中小企业都把新材料的开发和应用纳入企业发展战略中，使之成为工艺创新中的一项重要内容。如今，在劳动对象中，人工合成材料不断涌现，而自然物的比重逐渐下降，这也是中小企业在工艺创新中需要高度关注的趋势。

（五）生产工艺操作方法的创新

生产工艺和操作方法决定了机器设备、工装等劳动资料与劳动对象之间的结合方式，进而决定了劳动对象向产品的转化效率。换言之，在相同的劳动资料与劳动对象的条件下，由于生产工艺和操作方法的不同，其经济效益也有很大的差异。

从我国现阶段中小企业的实际情况来看，生产工艺技术含量低，加工方式单一，方法不科学带有普遍性。例如，国外的从事机械制造业的中小企业除了采用金属切削加工工艺外，还较多地采用了电解加工（ECM）工艺，超声加工（USM）工艺、电子束加工（EBM）工艺和计

---

① 陈文安：《创新工程学》，立信会计出版社 200 年版，第 185—187 页。

算机辅助制造（CAM）工艺。这些特种加工工艺的采用（即工艺创新），极大地提高了生产效率，节省了原材料消耗，改善了产品质量。再如，我国较多中小企业仍然采用"挤、注、吹、压"四大工艺来生产塑料制品，而西方发达国家则采用"集中料仓，脉冲送料，自动计量，密封混炼"工艺，后者的采用或创新减少了环境污染，提高了生产效率。

生产工艺和操作方法的创新，主要包括：①工艺配方的创新；②工艺流程和加工方式的创新；③操作技术和方法的创新；④生产作业线的创新和调整等。

（六）劳动条件的创新

这里的劳动条件是指工艺实施过程中周围的环境条件。它包括：①周围的空气质量以及工业"三废"（即废气、废水、废渣）的排放情况；②工作地的清洁卫生状况；③工作地工件、工装摆放情况；④工作地的安全设施和安全用品齐备情况。

劳动条件创新主要出于"清洁生产"、"文明生产"和"安全生产"的需要，其核心是确保人身安全和提高工作效率。

较多中小企业不够重视劳动条件的创新，影响了企业生产。其实劳动条件创新也是工艺创新的组成部分，可以设想，如果车间内的空气污染严重或清洁卫生不佳，就会影响操作者的精神状态和情绪，导致注意力不集中，甚至会发生人身事故；如果工作地附近乱堆乱放工件或工装器具，就会使操作者在工作中手忙脚乱，增加查找的时间，影响工作效率，甚至会碰伤、砸伤操作者。因此劳动条件的创新并不是可有可无的工作。

加强劳动条件的创新，关键在于加强工艺实施条件的建设，建立必要的规章制度（岗位制度和安全制度等）；做到奖勤罚懒。

加强劳动条件的创新，还应包括对周边环境的治理——有些工艺会产生工业"三废"，这是中小企业在开展工艺创新时所不能忽略的。

四　工艺创新的步骤

工艺创新的步骤接近产品创新的步骤，但由于创新内容上的差异，因而也不完全相同。在这里介绍工艺创新的步骤，舍弃了一些细节内容，同时又考虑到工艺创新项目的多样性，仅向读者介绍带有共性的基本步骤。

工艺创新从共性的角度来说，大体上分为四个阶段：一是工艺创新构想阶段；二是前期准备阶段；三是项目实施阶段；四是效果考核阶段。

工艺创新的具体步骤和阶段性成果如表 3 – 6 所示。

表 3 – 6　　　　　　　　工艺创新的各阶段步骤和成果形式

创新阶段	各阶段步骤	成果形式
工艺创新构想阶段	提出某项工艺创新的初步构想	XX 工艺创新的初拟方案
	调查、搜集材料	
	技术经济分析，提出初拟方案	
前期准备阶段	提出并申报工艺创新项目建议书	项目建议书可行性研究报告计划任务书年度计划
	编制可行性研究报告，论证和评估	
	向上级申报并等待上级批准	
	提出项目实施方案，批准后列入年度计划	
	有土建任务的项目，要进行初步设计，并报有关部门批准	
项目实施阶段	按年度计划组织实施	工艺图纸验收合格证
	绘制工艺图纸	
	编制具体实施预算，实施进度	
	按计划实施工艺创新	
	新工艺投入使用，试生产运行	
	办理验收合格手续，交付使用	
考核阶段	竣工投产后的效益跟踪	评估报告
	竣工投产后的评估	

第六节　管理创新

如前所述，当中小企业把管理看作是"软技术"时，技术创新应当包括管理创新；目前在美国，小企业管理创新数量占技术创新（产品创新、服务创新、工艺创新和管理创新）总量的 12%。因此，中小企业对管理创新给予关注，探讨其规律性并及时运作，具有十分重要的现实意义。

一　管理创新的概念

所谓管理创新，是指企业为达到某种创新目标，在对技术经济资源进行整合或配置，提高资源生产率，并使企业产品或服务实现市场价值的过程中，所创造的新的管理观念、组织形式、管理制度、管理方式和管理模式。

理解管理创新的概念，主要有以下几点：

一是管理创新是实现经常性管理（即日常管理）与创造性管理（即管理创新）两者的统一，即在经常性管理中注入新的内容，否则就不能称为管理创新。

二是管理创新是在企业行使管理职能的过程中实现的，是目标与行为的结合，静态与动态的统一。

三是实现管理创新的方式或内容可以有多种，其中任何一项的创新都会给企业管理带来新的进展和起色。

四是由于我们假定管理创新隶属于技术创新范畴，如果企业有明确的产品创新或服务创新或工艺创新目标时，管理创新的成果评估难度较大——通常算作上述创新或其中的某一项身上，而不算作管理创新的成果。这是由于管理技术往往会物化在新产品、新服务或新工艺中，而只搞管理创新时，其成果才能单独表现出来，如生产效率的提高，库存的减少，产品销路的畅通等。

在绝大多数情况下，产品创新、服务创新、工艺创新与管理创新相伴而生，相辅相成，即没有管理创新，产品等创新也很难取得成功。

管理创新的内容主要包括：管理思路创新、管理组织创新、管理方法创新、管理模式创新和管理制度创新。

二　中小企业管理创新的特点

对于中小企业来说，管理创新相对于产品、服务、工艺等创新具有如下特点：

（一）频率高

所谓频率高是指在中小企业中，每年开展管理创新的次数比产品、服务、工艺等创新要多。这主要是由管理的多项职能所决定的。对中小企业来说，管理是企业的日常工作，这就有可能决定了企业开展管理创新的次数相对较多。

（二）多样性

管理创新的形式多种多样，既可以是静态的，如管理制度创新、组织创新等，也可以是动态的，如行为方式创新、模式创新等。

（三）全面性

全面性是指管理创新要求主体（例如企业家或其他管理者）具备较全面的知识，不仅需要通晓与管理学有关的知识（如管理学原理、管理心理学、组织行为学、管理会计学、经济法学、领导科学、货币银行学、经济学原理、财政学等），还应该熟悉与本企业产品（或服务）、产品工艺有关的技术科学（如商品学、工艺学、机械原理、制图学、材料力学、技术工程学），在必要的情况下还应掌握某些边缘（交叉）学科，如技术经济学、系统工程学、工程管理学等。

全面性还指管理客体（对象）的全面性，即管理对象涉及企业的产前、产中、产后的各个环节。比如，产前环节的市场调研和信息的搜集，原材料的供应，资金的筹集，人员的招聘和培训，产品和工艺的设计，设备的检修等；产中环节的工艺安排，设备的运转、日常维护和保养，工装的开发、制造和使用，人员的配备和考核，岗位责任制的建立和执行，车间与职能部门或车间之间的人员协调和物资流转的调配，动力的供应等；产后环节的产品销售，市场的开发，售后服务的落实，财务收支的平衡，统计报表的填制，设备的检修以及季度或全年工作的总结等；这些环节和具体工作都存在着创新的可能性。

（四）投入少

一般来说，管理创新的资金等生产要素的投入要比产品、服务、工艺创新少。这也是中小企业管理创新频率高的重要原因之一。在通常情况下，中小企业的资金来源渠道较少，筹资难度大。而开展产品（服务）、工艺创新往往需要大量资金。在这种情况下，中小企业的技术创新活动往往把重点放在管理创新上。

三　管理思路创新

中小企业提出某一种新的管理思路并加以有效的实施，这便是管理方面的一种创新。这种新的管理思路可以针对企业自身现有的管理现状是新的，也可以是对所有的企业来说是新的。

思路，即观念或思想的具体化和系统化。思路一旦形成，就会对人们的行为产生驱动和导向作用。因此优化行为，必须首先优化思路。

如果说思路创新是企业创新的前提的话，那么观念创新就是思路创新的前提。那么，什么是观念创新呢？杨洁教授认为："观念创新是人们适应客观世界的发展和变化，并科学、准确地把握客观世界变化的规律和发展趋势，以正确的方式构建新的思维、新的理念、新的思想，以形成对变化了的客观世界新的正确的认识。"①

因此，中小企业要想在管理思路方面有所创新的话，首先要实现观念创新。观念创新主要包括：①以人为本，唯人兴业的观念；②瞄准市场，以变应变的观念；③顾客第一，用户至上的观念；④投身竞争，优胜劣汰的观念；⑤战略制胜，追求卓越的观念；⑥以质量求生存、以质量求发展的观念；⑦诚实可信、依法经营的观念；⑧技术先进，管理科学的观念；等等。②

管理思路创新的具体内容十分广泛，可以是某种技术创新（产品、服务、工艺等）构想，还可以是管理措施的改进；可以是产中环节的物资人事协调，也可以是产后环节的产品促销等；可以是人才开发，也可以是资本营运的新思路。

大连亿达总公司在初创时期，只是由几十个农场组成的乡镇施工队。人才资源的短缺严重地制约了企业的技术进步和发展，成为亿达早期发展的"瓶颈"。到了1991年，亿达有正式职工329名，其中具有本科和专科学历的仅有11名，另有从国有企业请来的12名技工。企业领导层面对这种情况，及时更新观念，决心实施"以人才为核心"的企业发展战略。在具体管理工作中，他们把工作重心放在研究本企业不同发展阶段上的人才需求上，重点解决人才来源、人才选聘方法等问题。这种管理思路创新，使亿达公司踏上了蒸蒸日上的历程。1994年亿达实现产值5.6亿元，实现利润4280万元，并以此跻身"中国500家最

①　杨洁：《企业创新论》，经济管理出版社1999年版，第33页。
②　同上书，第38—53页。

大乡镇企业"的第 27 位和农业部评选的"中国 1000 家最佳效益乡镇企业"的第 60 位。

四　管理组织创新

（一）管理组织创新的含义

美国著名企业家詹姆士·牟尼说过："组织就是为了达到共同目标而设立的一种人类联合的形式。"一个国家是由形形色色、多种多样组织（如党派、社团、军队、企业等）构成的整体。而我们这里所指的组织，主要是指中小企业。由于组织是管理职能中的一部分，故又称为管理组织。

管理组织体现了企业的生产关系，它是企业内各要素有效整合和配置的运行载体或主体。组织形式、组织功能等最终要由企业目标和各要素，尤其是技术要素所决定。一旦这些要素发生了变化，就会推动管理组织的创新。这是生产关系一定要适合生产力发展水平规律的微观体现。

管理组织创新，意味着中小企业要对原有的组织结构进行调整，创建新的结构形式；要对组织内各成员的责、权、利关系进行重新配置，形成新型人际关系；要对原有的分工协作做出新的安排，以使组织功能得到最大限度的发挥。

管理组织创新的创新域通常包括：①中小企业内组织结构形式的更新，如由原来的直线职能制改为事业部制；②领导体制的改革，如减少管理层次，取消副职；③强化分工协作；④岗位责任明晰化；⑤创造"齐心协力，团结互助"的氛围等。

（二）企业管理组织创新的方向

对于中小企业来说，管理组织创新的方向主要有五个方面：一是组织结构形式的创新；二是领导体制的创新；三是横向创新；四是基层组织创新；五是组织凝聚力创新。

1. 组织结构形式的创新

一般来说，中小企业的组织结构形式创新应依据企业产品数量，或品种等因素来确定。对于产品数量少或品种单一的小型企业仍可采用传统的集权职能制，但必须精简机构；而对于产品品种较多或附带有产品、工艺创新任务的中小企业，则需改为分权的事业部制。

2. 领导体制创新

具体做法上，在各级管理层面上推行单职制，做到不设或少设副职；如果领导工作过多，可实行秘书制或助理制。同时，要改进领导方法，强调领导艺术，实行权力委让；加强学习和培训，提高企业领导的素质。

3. 横向创新

首先，针对横向职能机构的设置存在着部门过多、分工过细、程序复杂的弊病，实行机构合并，又称"机构综合化"。通常有两种方式：一是将职能相同、相近的部门归并，例如，将原材料采购、设备采购、配件和标准件的采购合并为一个部门。二是将主要职能部门和辅助职能部门合并。

其次，针对企业中存在的横向沟通薄弱的现状，可以实行大办公室集体办公制度。这样，一方面有利于相互竞争和监督，另一方面也有利于相互间的协调和沟通，还可以实行科室联谊会、车间主任联谊会和班组长联谊会等方式，在友谊的基础上加强协调。

4. 基层组织创新

经机构改革之后，企业的管理层次应为两层：一是管理层，二是作业层（基层）。管理层集中搞专业管理，而作业层则一方面搞好生产，另一方面抓好队伍建设。实践证明，取消基层职能机构和管理人员的关键，在于管理层的专职部门要做好为基础服务的工作。

基层组织创新的另一个方面是推行领班制。西方发达国家的领班，相当于我国中小企业中的班组长，两者不同之处在于领班制赋予了领班以更大的责任和权利，使他们由原来的一线生产指挥者改变为一线的管理者。即领班除了具有生产指挥权外，还有人员任免调配权、资金决定权、工资和晋级的建议权等。推行领班制的实质是使基层管理重心下移，即从原来的车间主任转移到班组长，使中小企业的基层管理建立在稳固的基础之上。

5. 组织凝聚力创新

增强中小企业凝聚力的创新途径很多。针对目前实际，仅谈两个方面。

一是加强企业内部的政治思想工作和情感交流，前面谈到除了加强横向沟通外，还应强化企业内的纵向沟通——上下的沟通，这也是企业组织凝聚力创新的重要内容之一。

二是加强企业文化建设，重视全员素质的提高，重点在于政治思想素质、科学文化素质和业务素质的提高，可以采取自学或培训的方法来解决，但要注意不能流于形式。

五　管理方法手段创新

（一）管理方法手段创新的含义

管理方法手段是指管理主体作用于管理客体的行为方法或手段。换言之，是企业实现资源整合和配置的"工具"。它可以是某种"软技术"，如全面质量管理、价值工程、控制论或系统论技术、库存管理、网络技术等，也可以是"硬技术"或硬件的应用，如电脑在企业财务管理中的应用。

管理方法手段创新，是指企业应用新方法、新手段，使资源有效整合和配置，进而实现企业既定目标的行为。这种行为将会提高生产效率，节省原材料消耗，及时、准确地反映生产进度，提高资源转化率，是企业管理创新的重要内容之一。

（二）管理方法手段创新的创新域

在中小企业管理创新中，方法手段创新的潜力很大，内容十分丰富，可以涉及企业技术创新和管理的各个阶段或方面：

（1）市场调研和市场预测的方法和手段；

（2）新产品开发的方法和手段；

（3）产品设计方法和手段；

（4）产品生产过程中操作工人所用的方法和手段；

（5）产品销售过程中，销售人员所用的方法和手段等。

目前，某些信誉较好的企业面向消费者开展的连锁经营既是服务创新，也是方法手段创新的范例。它们通过这种创新使企业形象扩大，一方面使企业形象更加深入人心，也使其产品满足了消费者需求，另一方面，也使企业获得了较高的经济效益，真可谓"一石三鸟"！

六　管理模式创新

（一）管理模式创新的含义

所谓管理模式，是指企业实现总体资源有效整合和配置的实施方式。换言之，管理模式是企业综合性的管理范式。

企业中的管理模式，如果相对于原有模式或其他企业来说是新创的，就是管理模式的创新。企业管理模式分为总体模式和具体模式。总体模式包括企业的全部生产经营环节，涉及企业全部资源的配置；而具体模式，又称为阶段性模式，只涉及生产经营的部分环节，涉及企业一部分资源的配置。按照具体模式划分，管理模式创新又分为供应管理模式创新、生产管理模式创新、销售管理模式创新，或者分为物资管理模式创新、财务管理模式创新、人事管理模式创新等。

（二）管理模式创新的方向

对中小企业来说，管理模式创新的内容十分丰富。有的比较成熟，有的还不够成熟——正在进一步探讨中。在这里，仅向读者介绍比较成熟的管理范式：一是准时生产管理模式，二是定制生产管理模式，三是柔性管理模式。

1. 准时生产管理模式

准时生产管理模式，又叫准时生产方式，它是指企业要按计划准时、准量生产，不过多、过早地生产暂时不必要的产品。这种模式是对中小企业传统上的追求较高产量、较高产值的生产模式的否定和创新。

准时生产管理模式的基本思想在于，严格按用户需求准时生产，尽量缩短生产周期，压缩在制品的占用量，从而可以降低成本，提高效率，增加企业收入。因此，这种模式是一种通过消除浪费来提高经济效益的生产管理模式。

2. 定制生产管理模式

定制生产管理模式，又称为定制生产方式，它是指中小企业要根据消费者的特别需求而定制生产产品。有些消费者需要歧异化产品，如特大号服装、衣帽、加宽的鞋子等，这些歧异化产品在市场上往往很难买到，如果中小企业能够采取这种模式的话，即便企业把价格定得较高，消费者也是十分愿意接受的。

这种模式与大批量生产模式相比，虽然能很好地满足消费者需求，但其组织过程和工艺要求却很复杂，弄不好就会导致生产成本的大幅度提高。因此定制生产管理模式比较适合于那些技术创新力量较强的中小企业。

3. 柔性管理模式

柔性管理，是指企业引入软管理，即在企业管理中强调企业观念、企业文化、企业战略管理等。它的引申意义是以柔克刚、刚柔并进。以柔克刚是使企业能有效地化解激烈的矛盾冲突，为企业生存和发展创造一个和谐融洽的内外氛围，即强调以和为贵。刚柔并进是指在企业管理上做到宽严结合、审时度势、及时权变。

柔性管理模式的核心是：①以人为本和以权变观念为中心；②通过企业内外环境的变化，形成柔性的管理思想、手段、方法、组织体系，以改造、改革促进企业发展；③该模式的运作基础是决策、激励、约束、协调和发展等五项机制的形成和运作。

20 世纪 90 年代末，上海第二纺织品有限公司成功地采用了柔性管理模式，增强了企业的凝聚力和竞争力，经济效益有了显著提高，也因此而荣获"中国企业管理优秀成果一等奖"。

七 管理制度创新

管理制度，是指要求企业所有的人都要共同遵守的工作规程或行动准则。管理制度创新则是通过制定新规程、新准则并加以有效实施，以实现既定目标的行为。管理制度的创新，会给企业员工行为方式带来新的变化，进而有助于资源的优化组合，有助于增强企业的凝聚力和竞争力，是企业生存和发展的可靠保证。

在企业中，管理制度很多，诸如产权制度、用工制度、分配制度、领导制度、生产管理制度、产品销售制度、岗位责任、物资调配制度、厂规厂纪等。其中有些制度已有法律规定，企业不能任意发挥，如产权制度。而其他的多数管理制度，中小企业是可以有所作为、有所创新的。

第七节　中小企业的创新源

"创新源"是中小企业创新策略制定与运作过程中十分重要的问题。创新源又称技术创新源泉，它是指中小企业创新的构思、研究开发等创新链环节所需要的技术性事物，当这种需求得到满足后，可以引发企业的技术创新。这一技术性事物就是创新源。根据创新源的形态或功能不同，一般将创新源划分为三类：一是产品源，二是技术源，三是信息源。现分述如下。

一　创新源之一——产品源

（一）产品源的概念界定和特点

相对于市场上某种产品来说，中小企业可能扮演六种角色：一是制造者，二是使用者，三是维修者，四是经销商，五是技术相关者，六是毫不相干者。除了第六种情况外，中小企业都有可能对产品做出改进，即技术创新。换言之，该种产品就可以作为中小企业的创新源。例如，对某种型号的微型客货两用汽车来说，可能对于某家微型汽车制造厂来说，该车就是企业的主导产品，对其进行改进创新是理所当然。但这种改进创新并不见得都是由该企业做出的，也有可能是用户，或者修配厂，或者供应商，如增加节油装置等。而该微型客货两用汽车制造厂除了生产该型号的汽车外，也可开发其他型号、其他相关的技术产品（如微型轿车或农用汽车等）。当然，该微型客货两用汽车制造厂也可以站在用户的角度对企业内的设备、工具等进一步开发，生产出与企业技术生产方向相近的某种设备或工具等。上述的微型客货两用汽车、某种专用设备或工具等都属产品源的范畴。

因此，我们可以给产品源下一个这样的定义，即对于担任不同角色（制造者、使用者、修理者、供应者、相关者）的企业来说，凡是能够给出技术创新机会的某种产品，就叫做该企业创新的产品源。

产品源的概念可以使我们受到如下启发：

一是无论是何种类型的中小企业都有适合于自身特点的一系列产品源。关键在于企业如何来捕捉、认识和确立这些产品源，以作为今后中小企业创新的创新源。

二是产品源是中小企业从事渐近性创新的重要来源之一；相对于技术源和信息源来说，具有投入少、风险低、产出快的特点。

三是产品源可以分为不同的行业类型。类型不同，创新主体的分布也有不同；这有助于中小企业的产品定位。

（二）产品源的行业类型与主体角色的关系

最早开展这方面研究的专家是美国麻省理工学院管理学家冯·希伯尔（Von Hippel）教授。他在其《创新的源泉》一书中，比较详尽地介绍了产品源的行业类型（已创新的）与各类主体角色的关系。

人们通常认为，只有制造商才是技术创新的主体或扮演主体角色。而冯·希伯尔指出，这是一个流传很广却是极其错误的概念。其实问题的关键在于：谁能在创新中获益，谁就会去创新，而不管他是制造商、使用者，还是供应商。即创新的动力来自产品创新后所获取的既得利益，而与企业在市场中所扮演的角色不存在必然的联系。而且冯·希伯尔教授还对大量的创新案例进行了深入研究。结果发现，在一些行业中，用户、供应商是比制造商更为重要的创新主体。如表3-7所示。

表3-7   已创新的产品源分布

产品源的行业类型	创新主体（%）			
	用户	制造商	供应商	其他
科学仪器	77	23	0	0
半导体器件和印刷电路板工艺	67	21	0	12
拉制成形工艺	90	10	0	0
牵引式铲车	6	94	0	0
工程塑料	10	90	0	0
塑料添加剂	8	92	0	0
工业气体利用	42	17	33	8
热塑料利用	43	14	36	7
线路终端设备	11	33	50	6

由表3-7可以看出，不同行业的产品源对应着不同的创新主体。在科学仪器行业，有3/4的创新产品（或创新数量）是由用户完成的。

在科学仪器行业中，用户之所以在技术创新中起到如此重要的作用，主要是因为在科学仪器的用户中，有不少是高等院校、科研院所，以及大型企业中的 R&D 部门，而这些仪器又主要是用于研究开发活动的。这些用户在使用中不断地对科学仪器进行改进和再创新，以适应或满足研究开发工作的需要。而专事科学仪器制造的厂商往往在了解到这种情况后，才对改进后的原型科学仪器进行商品化，或者经过本企业进一步创新后再商品化。对于前者，属用户创新；而对于后者，才属于制造商的创新。

同样的道理，在半导体器件和印刷电路板工艺中，以及在拉制成形工艺，还有工业气体利用、热塑料利用等行业中，用户同样是重要的创新主体。但在牵引式铲车、工程塑料和塑料添加剂等行业中，制造商正如传统所假定的那样，才是重要的创新主体。而在线路终端设备方面，供应商却是重要的创新主体。

之所以会出现产品源的行业性决定了创新主体的不同分布，或者说制造商并不仅仅是创新的唯一主体，其原因主要是：①创新主体对产品源的熟知程度和使用频率。例如高等院校、科研院所的研究人员对科学仪器的熟知程度可谓较高，甚至可以达到精通的程度，而且科学仪器是日常研究开发中的重要工具。②信息的不对称性。有时用户会产生某种特殊需求，但制造商既不知道有此需求，即便知道也不能立即生产这种产品。鉴于这种情况，用户只好自己创新。例如，外科医生经常根据患者的实际需要自制手术刀就是一个明显的例证。医生在做某类手术时，一般都知道何种形状的手术刀能解决问题，但制造商不是医生，他们并不了解这种特定需求，因而也不会生产这种手术刀。只有等到许多医生都喜欢用这种手术刀时，制造商才会从事这种手术刀的制造和销售。③市场对某种商品的缺位。即用户使用市场上购买的商品不能完全满足自己的需要，用户被迫无奈，只得对所购商品加以改进，即实行改进创新。④扩大销售。这一点往往是指供应商，他们从事创新的动机在于刺激需求，以扩大销售。例如，煤气供应商可以从事煤气用具的产品创新，使人们更喜欢用煤气来作为能源。

值得指出的是，冯·希伯尔教授在其研究中并未提出"产品源"的概念，而是将技术创新主体视为创新源。这一点只是与笔者的研究角度不同而已，实质上并无多大差别。

产品源概念的提出，将有助于中小企业纠正"只有制造者才能搞技术创新"的错误认识，而更为重要的是，会使中小企业认清角色定位，扩大技术创新的视野，从而提高经济效益。

中小企业可以根据本企业的行业特色，最大限度地寻求技术创新重要源泉之一——产品源，企业并不一定非得苛求技术源和信息源，以确定本企业的创新目标和创新模式。如果产品源能够运用得好的话，同样可以收到事半功倍的效果。

二　创新源之二——技术源

（一）技术源的概念界定和特点

技术源具有广义和狭义之分。广义的技术源是指能够向企业技术创新提供支持的一切技术来源，它包括大学或研究机构的研究开发，中小企业内的研究开发、个人发明、科技成果和专利等。狭义的技术源则强调的是研究、开发、发明的结果，即仅指科技成果和专利。本书这里所强调的是狭义的技术源。

无论是有组织的研究开发，还是个人出资的自主发明，其最终的表现形式通常是科技成果和专利。因此，科技成果和专利作为完成的成果形式，无疑是距中小企业最近、最方便于企业应用和开发的实际源泉。

技术源与产品源相比具有如下特点：

一是技术源是研究开发的成果——主要是技术的结晶；而产品源则是经过技术创新一系列环节后的成果——是经历了创新构想、研究开发、生产和销售等诸环节的结晶。

二是技术源通常是受到科研成果管理制度保护或专利法保护的未公开上市的样品或样机；而产品源则是指已公开上市的商品。

三是中小企业获取技术源往往要付出一定的代价，如通过购买专利或技术转让方式，即便是政府对中小企业实施无偿转让，仍需企业做出申请等一系列接受审批的前期工作；而企业获取产品源的渠道就再简单不过了，只需到市场上购买就可以了。

四是中小企业获取技术源的目的在于技术创新；而获取产品源的目的在于改进基础上的创新。前者通常与企业创新链中的研究开发阶段实现对接；而后者对接的阶段通常不确定，也可能在创新构想阶段，也可能在研究开发阶段，或者在设计阶段。

（二）科技成果

1. 科技成果的含义和分类

科技成果是指在科学技术研究活动中富有创新内容，经实验验证具有良好的重复性，能够揭示一定的自然现象或客观规律，具有一定的科技先进水平或实用价值和经济价值的研究成果。科技成果必须同时具备下列四个条件：①必须通过研究取得；②必须证明有学术价值或实用价值；③必须具有创造性；④必须经过正式鉴定。

科技成果通常分为三类：

一是科研成果，即在自然科学方面具有创造性的理论研究成果。

二是技术成果，即能够实现生产多、快、好、省目的的新技术、新工艺、新产品和新方法等。

三是重大科研项目的阶段性成果，即在较长研究周期的某一阶段中、在理论上或技术上有重大突破，并能单独应用的成果。

2. 科技成果应用于中小企业创新源

从科技成果的含义和分类可以看出，并不是所有的科技成果都可以用作中小企业技术创新的创新源。在通常情况下，只有科技成果的第二类——技术成果，以及第三类中的一部分——即重大项目中的阶段性技术成果，可用作创新源。换言之，科技成果是比发明更为广泛的概念，即只有那些与发明含义相似的科技成果，才与中小企业技术创新有着最为直接的关系，才是技术创新的最为主要的源泉。

据有关部门统计，我国每年能够产生的科技成果数万件，而且仍以较高的速度递增。这些成果，是我国企业技术创新的十分宝贵的源泉。与世界发达国家相比，我国的科技成果转化率并不是很高。1992 年，有关部门参照技术创新的概念，对近 1000 项科技成果的转化情况进行了调查，结果显示、转化率仅为 25%—50%。[①] 进入 21 世纪以来，这种情况并未有太大改变。影响科技成果转化的因素很多，除了目前存在着体制、观念、资金、人才等方面的障碍外，作为创新源泉本身的科技

_____

① 汤世国：《技术创新——经济活力之源》，科学技术文献出版社 1994 年版，第 82 页。

成果，也存在着一些问题，这些问题主要有：

一是结构问题。即在科技成果的分布上，理论性成果相对较多（注意：这里的相对较多，不是指相对于总数而言，而是相对于合理结构情况下的理论性成果的适宜数量），而技术性成果相对较少。

二是需求问题。有些科技成果的市场需求不佳。即便转化，也很难形成市场需求，这使得某些企业望而却步。

三是成熟性问题。较多科技成果在技术上并不成熟，即在研究开发阶段未完成中试工作，企业要将其转化，技术上面临着较大困难。

四是信息不对称问题。在每年数以万计的科技成果中，肯定有较多的成果是适宜用作企业技术创新的，但企业并不了解。有较多的中小企业并不知道目前有些什么成果，到哪里去获取适合于自己需要的成果。

目前，国家有关部门已经意识到上述问题的严重性，正在采取积极措施加以解决，已初见成效。比如，调整科研结构布局，建立技术市场，深化科技体制改革，制定优惠政策促进科技成果转化等。

中小企业在计划利用科技成果进行技术创新时，通常要通过各种信息渠道，如科技成果公告、成果展览会、技术市场、信息中介机构等了解科技成果的有关情况，以寻找适合于自己需要的科技成果。一旦找到就应与科技成果的拥有者洽谈有关技术转让事宜。

（三）专利

专利，又称发明专利，它是中小企业技术创新的又一种来源。我们一般所说的专利，是指已申请专利保护并已获得专利权的发明。

专利权是一种带有独占性质的法律授权。发明人要获得专利，必须符合一定的条件，国际上通常采用的标准是：①新颖性；②先进性；③实用性。而我国专利法规定的三个标准是：①新颖性；②创造性；③实用性。看来两者的法律界定大同小异。

专利作为中小企业技术创新的源泉，就其属性来说，与科技成果一样，当企业试图利用专利进行技术创新时，可以通过查找专利文献或通过分类检索，或查找专利号，以获取自己所需要的专利。企业查找到自己所需的专利后可以有两种选择：一是购买该项专利；二是阅读专利说明书中的技术原理和相关内容，当受到某种启发后，并不购买，而是回去后自行开展研究开发或发明。

三　创新源之三——信息源

（一）信息和信息源

在当今时代，信息一词的使用十分广泛。经常见诸媒体的，有市场信息、用工信息、招聘信息、广告信息、政策信息、科技信息、产品信息、供求信息、电子信息、信息网络等，我们还可以列举出许许多多。那么，究竟什么是信息呢？

《现代汉语大词典》的解释是：所谓信息，是指音信或消息。如果从学科的角度，即信息论的角度来解释信息，信息是指用符号传送的报道，而且报道的内容是接收符号者事先不知道的。

信息的传输过程可以简化为图 3－4 的形式。

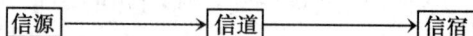

```
┌────┐        ┌────┐        ┌────┐
│信源│───────▶│信道│───────▶│信宿│
└────┘        └────┘        └────┘
```

图 3－4　信息传输的简化过程

现以技术信息为例加以说明。在图 3－4 中，信源是指技术信息的"源头"，通常有三种类型：一是技术开发者和拥有者，如某些研究机构和开发人员；二是技术信息的收集者，如公共图书馆、经营性或非经营性的中介组织等；三是指各类媒体和有形物，如报纸、书刊、广播、电视、计算机网络及专业技术出版物等登载的技术信息，有形物是指产品、设备等，由于它们的存在是有形的，而且蕴含着技术，因而从这个意义上来说也属于技术源的范围。

信道则是指信息的传播途径和方式，其根本任务是将信息从信源传递到信宿。信道通常经历"编码→发送→接收→解码"四个阶段后才能将信息传递给信宿。

信宿则是指技术信息的需求者，例如中小企业等。

综上，我们可以给信息和信息源下如下的定义：所谓信息，就是指有关信源情况（如自然情况、行为方式或行为结果等）的音信或消息。技术信息是信息当中的一种，主要是信源主体及其行为结果，如研究开发成果或发明等。如果我们动态地考察信息，则是指信息的传输，通常包括信源、信道和信宿三个阶段过程。如果我们静态地考察信息，通常是指信息源的情况。很显然，信息源是指产生某种信息的"源头"。

中小企业技术创新的信息源除了前述的产品源、技术源之外，还包括与技术创新相关的其他主体的行为结果。如来自政府的政策信息源、来自市场的供求信息源、来自中介机构的服务信息源等。

（二）产品源、技术源与其他信息源的差异

产品源和技术源都具有信息源的性质，无疑应该属于信息源的范畴，但它们在企业技术创新这种特定情况下，产品源、技术源与其他信息源（又称公共源）相比，仍然存在着较大的差异，具体表现在如下几个方面：

（1）产品源和技术源是有形的，而其他信息源是无形的。无论是产品，还是技术成果（科技成果或专利等）在通常情况下都是有形的展示；而其他信息源就不是这样，如政策信息、供求信息、服务信息等都是无形的。

（2）产品源和技术源具有明确的产权归属，而其他信息源则带有"公共性"的特点。前两者的获取往往需要企业付出较大的代价（如购买或技术转让），而对后者企业只需付出一定的人力进行搜集或调研即可。

（3）产品源和技术源通常是技术创新成果或阶段性成果（产品源是他人技术创新成果；技术源是他人研究开发成果、阶段性技术创新成果），而其他信息源则不是。有的信息源是自然情况，并未经过某些组织或个人的研究性劳动，如供求信息；有的虽然经过劳动，但其复杂程度相对于产品源和技术源来说要低，如广告信息。

（4）产品源和技术源是中小企业技术创新的必要条件，而其他信息源则是充要条件。虽然两者对企业创新都很重要，但前者的重要程度要比后者大。

鉴于上述特点，其他信息源又称为公共信息源。

（三）信息源在中小企业创新中的作用

及时有效地获取、处理和利用来自信息源的信息对中小企业创新效率和成败有着决定性的作用，主要表现在五个方面。

1. 感知需求

市场需求是中小企业成长与创新的基本原动力，同时又是产品创新或服务创新的归宿。企业只有准确地把握市场需求信息，才能确保创新的成功。因此，如何通过信息源获取显在的或潜在的需求信息就成了中小企业开展创新的首要任务。

2. 产生设想

新产品、新服务、新工艺、新管理的设想，并不是凭空产生的，而是建立在对已有信息的掌握、他人设想、信息的借鉴和对众多信息的整合联想基础上的。因此，中小企业产生创新设想的过程就是从各类信息源获取信息，并对信息进行处理、加工和创造的过程。

3. 提高效率

缩短创新周期，在取得同等创新效果的情况下尽量减少投入应是中小企业创新的基本要求之一。要做到这一点，必须尽可能地从信息源获取各类有用信息，少走弯路，以便调整资源配置，提高创新效率，使创新顺利进行。

4. 降低风险

中小企业创新的成败在很大程度上取决于来自信息源的信息的充分性和信息的处理利用能力上。从本质上说，创新风险往往是由于信息不对称或不充分所引起的。如何从信息源获取更多的有用信息，减少不确定性应是创新管理的核心问题之一。

5. 借助外力

中小企业在具体的创新过程中，可能会遇到这样或那样的困难，在本企业无力解决的情况下，应积极通过信息源寻求外界力量，诸如寻求政府的有关政策支持，或到中介服务机构进行咨询等。

（四）信息源的开发和利用

中小企业对信息源的开发和利用途径通常有三点。现分述如下：

1. 采用反向工程获取信息

采用反向工程获取信息，主要是针对产品源而言的。

对已经上市的新产品或新设备进行测试，可以获得有关原理、材料、结构方面的信息。不少企业就是采用这种方法实现模仿创新的。中小企业在采用这种方式时要注意两点：①侵权。对于已申请专利或商标保护的产品和设备，在未获准之前不能仿制。②对即将仿制的产品或设备要进行进一步的研究开发，以获取更深入的技术信息。因为测试往往仅能得到外在的技术参数，而对于部件之间的匹配参数、原材料成分构成、产品蕴含的技术原理等不易得到。

2. 从技术拥有者获取信息

从技术拥有者获取信息，主要是针对技术源而言，一是科技成果，二是专利。

从技术拥有者获取信息，容易得到较为完整的信息，具体方式有两种：

一是技术转让。即由技术拥有方向技术需求方有偿转让技术，主要以样品、样机、说明书、图纸、录像带等形式提供协议转让的技术。有时为了使受让方尽快掌握已转让的技术，转让方还需对受让方进行必要的培训。

二是技术合作。即技术拥有方与技术采用方以某种方式结成共同体。

3. 从公共信息源获取信息

从公共信息源获取信息是各种方式中最便捷、最廉价的方式，也通常是中小企业利用不够充分的方式。要想充分利用好公共信息源，企业必须建立健全相应的渠道，配备专门人员，培养他们的信息收集、检索和分析能力。一些成功的大型企业往往在这方面投入了很大的力量。例如，IBM 公司每年订阅跟踪的各种报刊数量多达 2000 余种。该公司收集的信息内容十分广泛，除了有关计算机的相关内容外，还包括政治、经济、文化、科技、市场、企业经营管理等诸多方面，用以进行多层面、多角度的技术经济分析。中小企业通过国际互联网获取公共信息应是今后的努力方向，在这方面，政府等有关部门应协助中小企业积极做好这方面的工作。

第四章

我国中小企业知识产权建设的背景、问题及原因分析

第一节　我国中小企业知识产权建设的背景

可以这样说，我国中小企业知识产权建设是个"新生事物"，才刚刚起步，但其背景条件却十分有利于这项工作的开展。本书所指的背景条件主要是指两个方面：一是法律背景，这为中小企业知识产权建设提供了法律依据及保障，本书在此主要阐述法律背景的沿革及内容；二是大型企业背景，即大型企业（集团）知识产权建设的主要成绩，这为中小企业知识产权建设提供了努力方向。

一　法律背景

知识产权对我国而言是一种制度的"舶来品"，是被动移植、外力强加的结果；知识产权立法不仅仅是基于自身国情的制度选择，还受到外来压力的影响。知识产权制度在西方国家孕育与成长已有三四百年时间。在近代社会，知识产权是欧美国家促进经济发展、推动科技进步、繁荣文化和教育的法律工具；在当代社会，知识产权则成为创新型国家维系技术优势、保护贸易利益、提升国际竞争力的战略政策。我国现行知识产权制度从改革开放到现在的三十多年中，经历了学习模仿借鉴、初步发展完善、与国际接轨的提升成长、主动战略性设计这样几个阶段。[①] 众所周知，知识产权最重要的主体是企业，我国对企业知识产权

[①] 曹新明、丛立先、梁志文：《中国知识产权发展报告（2007—2008）》，载吴汉东主编《中国知识产权蓝皮书（2007—2008）》，北京大学出版社 2009 年版，第 25 页。

的研究实践可以说依然处于起步阶段。新中国成立后，我国企业知识产权大致经历了四个发展阶段：

企业知识产权蒙昧贫乏期（第一阶段）：指从 1949 年新中国成立到 1978 年改革开放。

这一时期，我国长期实行高度集中的计划经济，国有经济占据了绝对主导的地位，国家控制了绝大多数的科技资源和成果。由国家培养的人才为国家设定的科技项目服务，其创新性劳动成果归国家所有和垄断。计划经济体制缺乏对科技和科研人员的创新激励机制，抑制了科技人员的创造热情，严重阻碍生产力的发展，资源浪费、人才浪费、创新低下是普遍存在的现象。这一时期，企业作为政府的附属物，几乎没有调整和保护智力成果的现代知识产权保护意识，知识产权工作长期废弛，创新意识和竞争意识极其淡薄，创造出来的创新成果被纳入公共领域被视作天经地义之事，企业知识产权制度尚属空白，私权意义上的知识产权是不可能存在的，激励创新在相当长的时期内是靠科技奖励制度。

企业知识产权探索建立期（第二阶段）：指从 1978 年改革开放到 1985 年《中华人民共和国专利法》颁布。

伴随着改革开放事业的发展，我国为了建立知识产权制度而向东欧社会主义国家和西方发达国家学习，初步搭建起现行知识产权制度框架，企业知识产权事业亦在学习、借鉴、探索中诞生。这一时期我国探索并突破了传统的计划经济与商品经济对立的体制格局，提出了"社会主义是在公有制基础上的有计划的商品经济"（1984 年），企业开始敢于直面市场竞争，开始建立了以商标、专利为代表的知识产权法律制度。一些企业的知识产权意识开始觉醒，在进行技术研发过程中，学习并运用知识产权制度。

企业知识产权初始成长期（第三阶段）：指从 1985 年《专利法》颁布后到 2001 年我国加入 WTO。

这一时期我国基本完成了由有计划的商品经济到市场经济的推进，在逐步确立的有中国特色社会主义市场经济体制运行中，企业的市场主体地位得以确立，国家开始对原有知识产权法律中不适应新时代经济社会发展要求的部分进行修订、补充和完善，对其加以立法规范。为加入

WTO，我国再次对《专利法》、《商标法》进行修订，首次对《著作权法》进行修订，使之符合《与贸易有关的知识产权协定》对 WTO 各成员关于知识产权的要求，并成为一些主要知识产权保护条约的成员国，为稳步实现我国知识产权制度与国际接轨做出更多努力，逐步建立并完善了国家司法、行政等对知识产权全方位的保护体系。

企业知识产权成长提高期（第四阶段）：指从 2001 年我国加入WTO 到现在。

此时期，国家知识产权制度摆脱了"逼我所用"进入"为我所用"、由"被动性接受"进入主动性的战略设计阶段。① 2004 年、2005年开始着手国家知识产权战略制定工作。2008 年 6 月，国务院发布《国家知识产权战略纲要》，为顺利实现纲要目标，我国迎来了新一轮立法、修法高潮，开始着手于对《专利法》、《商标法》、《著作权法》的全面修订。在应对日趋激烈的国际竞争中，越来越多的人意识到：拥有自主知识产权已经成为提高自主创新能力、提高企业核心竞争力、保持企业持久竞争优势的关键。企业知识产权意识不断提高，提高自主创新的主动性不断增强，企业拥有知识产权的数量和质量不断增加，企业知识产权工作越来越得到重视。

二　大型企业背景

知识产权在我国经济发展和产业竞争中的作用十分重要。经过改革开放三十多年的发展，我国知识产权事业取得了举世瞩目的成就，走过了西方国家一两百年才能够完成的知识产权立法进程。② 进入 21 世纪以来，我国知识产权事业正在揭开新的历史篇章，企业知识产权工作也取得了重大进展，主要体现在大型企业（集团）上。这种大型企业背景（主要成绩）为中小企业知识产权建设提供了努力方向。

第一，大型企业知识产权意识不断增强。

改革开放初期刚刚恢复建立知识产权制度时，相当多的国人对我国知识产权立法有误解，甚至 21 世纪初，还有些人对是否按照标准来对

---

① 吴汉东主编：《中国知识产权蓝皮书（2007—2008）》，北京大学出版社 2009 年版，第89—91 页。

② 阿帕德·鲍格胥语。参见国家知识产权局《1994 年中国知识产权状况》（白皮书）。

我国知识产权立法进行规制、是否要加强知识产权保护等问题不理解。但我国加入 WTO 后，一系列的知识产权纠纷，尤其是西方跨国公司及其企业集团利用其手中的知识产权对我国已经走进或即将走进国际市场的企业进行围攻，层层设卡，导致我们的企业步履维艰。沉痛的教训，让人们逐渐意识到，在竞争的时代，企业没有知识产权作保护、没有自主知识产权、没有市场竞争优势，想在国际市场上立足是不可能的。[①]人们也意识到，我们的企业走出国门和国外的企业进入都必须遵守WTO 的共同游戏规则。一些企业逐步认识到知识产权在企业的生存和发展、维系企业持久竞争力上有着重大的战略意义和价值，知识产权的法律意识、权利意识随之不断增强。实践表明，一些吃过亏的或者与国外合资的企业以及较早开展出口业务的企业，知识产权意识普遍比较强。在 2006 年由中国企业联合会、中华全国工商业联合会、中国外商投资企业协会联合主办的"企业知识产权保护与自主创新大会"上，与会的 350 多家中外企业（其中中央企业 80 多家）签署了《企业使用正版软件倡议》和《企业保护知识产权倡议》两项自律承诺，向社会公众和国际社会表达和承诺了我国大型企业保护知识产权的积极态度和社会责任。

第二，大型企业知识产权创造能力不断增加，知识产权数量和质量都有明显提高。

2010 年我国共受理发明专利申请 391177 件，跃居世界第二位，仅次于美国专利商标局（USPTO）的 490226 件，首次超过日本特许厅（JPO）的 344598 件。2010 年我国受理本国居民（含港澳台）发明专利申请 293066 件，同比增长 27.9%，首次超过 JPO 的 290080 件，表明我国发明专利活动日趋活跃，创新活力不断加强。[②] 2011 年国家知识产权局受理发明专利申请 52.6 万件，同比增速达到我国入世十年以来最高水平。其中，国内企业发明专利申请 23.2 万件，占国内总量的55.8%，我国企业（主要是大型企业）发明专利申请已形成基数大、

---

① 曹新明、丛立先、梁志文：《中国知识产权发展报告（2007—2008）》，载吴汉东主编《中国知识产权蓝皮书（2007—2008）》，北京大学出版社 2009 年版，第 64 页。

② 国家知识产权局规划发展司：《我国发明专利申请受理量跃居世界第二——初步专利统计年报披露 2010 年中美日欧韩部分统计数据》，《专利统计简报》2011 年第 8 期。

增速快、带动力强的良好发展态势，不断推动我国发明专利申请量再创新高。国内发明专利申请中：职务申请32.4万件，占总量的77.9%，企业职务申请占71.6%。我国国内发明专利授权量不断增加。截至2011年年底，我国的国内发明专利累计授权量达到了44.8万件，已经超过了国外来华发明专利44.5万件的累计授权量，这是继2009年国内发明专利授权量首次超过国外来华发明专利之后的重大历史性超越。①同时，企业品牌创建能力不断提高，形成了一批有影响力的驰名商标，如"海尔"、"联想"等。此外，版权产业发展势头良好，其他知识产权获取能力不断增强，带动了相关产业健康发展。

第三，大型企业知识产权管理和保护工作不断加强。

完善的知识产权管理制度是强化企业经济实力的重要途径。在我国知识产权法制不断完善、知识产权执法体制不断健全的背景下，我国部分企业现已建立了适合自己的较为完善的知识产权管理体系。如，中石油天然气集团公司按照目标和任务明晰原则、权责对等原则、专业化分工合作原则、管理幅度与管理层次相适应原则、效果和效率统一原则，初步建立了对内部和外部环境变化有一定适应能力的知识产权管理组织机构；中兴通讯管理机构采用了矩阵式模式；② 海尔集团在内部形成了融知识产权信息搜集、追踪、分析、评价、管理、纠纷处理一体化的知识产权工作体系，成立了我国企业第一家知识产权办公室，具有鲜明的三级专利管理模式特色，强化知识产权教育与具体事务中的知识产权管理，建立了促进自主知识产权形成的技术创新体系；西安西飞工业公司的知识产权管理制度建设主要体现为"三级"管理制度，即制订实施《西飞公司知识产权管理条例》、制订专项知识产权方面的管理规定、针对特定情况、特定产品、特定人员的知识产权专项管理规定。③

第四，大型企业知识产权运用能力明显提高，在推动企业技术创新方面的作用日趋明显。

知识产权的应用能够有力地促进企业技术创新，其产生的巨大经济效

---

① 规划：《我国发明专利申请年度受理量超过50万件》，《中国发明与专利》2012年第2期。

② 范晓波主编：《中国知识产权管理报告》，中国时代经济出版社2009年版，第104页。

③ 冯晓青：《企业知识产权战略》（第3版），知识产权出版社2009年版，第485—488页。

益激发了企业科技创新的热情。知识产权保护加快了企业智力资源的开发，促进企业的技术创新和不断进步，是企业将其技术创新成果形成市场优势的重要保障。以专利保护为例，企业通过专利保护的手段从市场中不仅可以收回研究开发成本，而且可以从对技术和市场的独占中获得丰厚的利润，这就必然能够激发企业从事专利技术开发、从事技术创新的积极性。① 例如，海尔集团以专利手段促进企业技术创新的战略模式，取得了显著的成效，截至 2011 年，累计申报 12318 项技术专利，获授权专利 8350 项；累计提报 77 项国际标准提案，其中 27 项已经发布实施，是中国申请专利和提报国际标准最多的家电企业；海尔连续十年蝉联"中国最具价值品牌"榜首。以专利战略促进企业技术创新的成功经验还有一些企业，如河南的宇通公司以专利为导向进行技术创新，由一个规模很小、产品技术含量低、经济效益不佳的企业实现了跨越式发展，近些年来每年开发的品种都在 20 个以上，跻身亚洲规模最大、工艺技术最先进的客车生产企业。② 河南新乡化工有限责任公司也是以专利战略为指导、利用专利保护企业技术创新成果的市场化的成功案例。

三 我国大型企业知识产权建设的主要经验

"十二五"开局之年的 2011 年，是我国加快转变经济发展方式的非常关键的一年。我国创新主体积极应对复杂多变的国际国内政治经济形势，牢牢掌握发展脉搏，主动化挑战为机遇，使得自主创新取得了丰硕成果，在发明专利申请与授权数量方面逆流而上，努力为我国在"十二五"期末达到每万人口拥有发明专利 3.3 件的目标打下了坚实基础。突出表现为，我国国内企业创新主体地位得到进一步的巩固：国内企业在 2011 年申请发明专利量和发明专利授权量较上年均有大幅增长。其中，申请发明专利量为 231551 件，比 2010 年大幅增长 49.8%，首次突破占国内职务发明专利申请总量的七成（国内职务发明申请总量为 71.4%）；发明专利授权量 58364 件，比上年增长 45.7%。在国内企业中，中兴通讯股份有限公司发明专利申请量（4685 件）虽然较上年有

---

① 胡神松：《企业技术创新与专利战略研究》，硕士学位论文，武汉理工大学，2006 年，第 10 页。

② 李建伟、许唤召：《河南省企业专利战略典型事例剖析》，《河南科技》2003 年第 11 期。

大幅下降，但仍高居榜首。华为技术有限公司发明专利申请量为 3617 件，以 61.8% 的增速重新位居第二，中国石油化工股份有限公司发明专利申请量为 3122 件，继续位居第三。这些企业都是运用知识产权提高自身竞争力的成功典范，下面分别以中兴、华为、中石油实施知识产权经验为例作一介绍。

（一）中兴通讯的经验

中兴通讯全称"中兴通讯股份有限公司"，公司英文全称"ZTE Corporation"，其中"ZTE"是"Zhongxing Telecom Equipment"的缩写。中兴通讯成立于 1985 年，是全球领先的综合通信解决方案提供商，是中国最大的通信设备上市公司，是全球第四大手机生产制造商。

1. 科学有效的、自上而下的矩阵式知识产权管理体系

中兴通讯知识产权管理机构的设置是矩阵式的。在公司层面，知识产权领导小组决定着公司所有的知识产权战略问题，而中兴通讯高级副总裁则是这个小组的主要负责人，主管公司层面的知识产权业务。作为具体业务部门，法律部直接受总裁办公室管辖，共有 20 多位既懂技术又懂法律、兼有工学和法学专业背景的知识产权经理，他们能够站在公司知识产权管理的高度，娴熟掌握知识产权工作的具体情况。同时，公司设置知识产权工程师（共有 30 多个，分属产品事业部、技术中心和市场营销部）协助总部的知识产权经理推动知识产权战略的具体操作。[①] 这种知识产权经理与工程师协同工作的集中与分散管理有机结合的知识产权管理体系，使企业的知识产权工作遍及每一个基层单位，确保知识产权战略的实施。

中兴通讯这种具有"完整性"的专利管理体系主要有以下三个方面的特点：第一，形成了自前期的开发、申请到后期的保护、运用等一套完整的专利价值链条。第二，专利管理贯穿产品生产全过程（包括市场、研发、采购、生产设计和销售等诸多方面）的各个环节。比如，将分析专利的竞争性、制定竞争策略和规划专利布局嵌入产品的规划和技术设计环节，将挖掘和申请专利嵌入产品的研发环节，将控制专利风险的策略嵌入原料的采购、产品的生产和销售环节。第三，建立完整的专

---

① 赖任群：《江西企业专利战略研究》，硕士学位论文，南昌大学，2009 年，第 40 页。

利管理架构。目前，中兴通讯公司已经形成了一套"闭环式"的专利管理模式、四级业务标准体系和三大业务体系以及系列管理支撑体系。"闭环式"的专利管理模式是指先经总部策划到各部门执行再由总部测评的管理模式；四级业务标准指的是规程、规范、模板、最佳实践；三大业务指基础、分析和运营；支撑体系包括外包服务、专利人力资源和专利信息技术系统管理等。①

上述专利管理体系中的基础、分析和运营这三大业务体系堪称中兴通讯公司专利管理的一大"亮点"。其中，基础业务侧重于挖掘和申请专利以及专利获权等常规性工作；分析业务侧重于项目、综合、目标国家或市场等方面的分析，旨在提高研发的起点、规避风险和捕捉新的商业机会；而运营业务的侧重点在于萃取专利价值，即通过专利的许可、转让以及技术合作等各类增值与转让业务以增加公司的收入。这三个方面共同构成了中兴通讯公司完整专利管理体系下的系统业务网络，并且三者紧密联系、相互支撑、不可或缺。

科学、合理、有效的专利管理制度不断提升了中兴通讯公司的专利申请数量和质量。2011 年，中兴通讯股份有限公司以 4685 件发明专利申请又一次高居国内企业榜首。

2. 形成了"技术 + 资金"的创新模式②

完善、高效的专利管理体系为中兴通讯公司的发展提供了不可缺少的支撑和保障，而公司拥有的强大技术研发优势、持续的资金投入等，又为中兴通讯公司"闯市场"积攒了雄厚"内力"。

据了解，中兴通讯公司自创办之初就确定了自主创新战略，明确企业是创新的主体，将技术研发放在企业发展的首要位置。2001 年，该公司在进行集群通信设备开发时，权衡利弊后放弃跟随仿制而选择了突破国外封锁，进行数字集群技术的自主研发。并先后获得了中国专利授权 74 件，同时也开创了中国企业向国外企业授权许可的先例。

中兴通讯公司不惜加大技术研发的资金投入，持续多年保持稳定、高强度的科技研发投入，每年投入研发的费用占销售总额的 10%，近

---

① 任媛：《中兴通讯：竞争力源自专利战略》，《中国知识产权报》2010 年 4 月 28 日第 5 版。

② 同上。

几年甚至达到了 14% 以上。即便在全球经济危机的环境下，其研发投入的增速仍超过了收入增速。据资料显示，中兴通讯公司于 2005—2009 年累计投入科技研发资金 150 亿元，仅 2009 年就投入了高达 50 亿元的研发资金。

3. 中兴通讯公司在人才战略上贯彻"以人为本"，对海外人才实施本地化战略

"以人为本"的人才战略为中兴通讯公司创新发展提供了系统保障。经过多年的探索，建立了一套引进、培训、使用、激励全球人才的机制。中兴通讯秉承"全球成就源自本地智慧"的经营理念，施行海外人才的本地化战略，广募全球精英人才。公司 7 万余名员工中，从事海外业务的有 10000 余名，海外员工本地化率达 65%。技术类人员数量达到 50000 名，纯研发人员超过 25000 人，居中国上市公司之首。在全球同行受国际金融危机影响大量裁减员工的情况下，中兴通讯公司却对公司骨干施行了股权激励计划。在受激励的 4000 余名公司骨干中，主要是激励有技术背景的员工，占 60% 以上，其次才是公司的管理、市场等部门的级别较高人员。

良好的个人发展空间、富有吸引力的薪酬待遇与公司内部互相尊重的和谐文化氛围的有机统一，使中兴通讯公司享誉全球人才市场。公司形成了一支具有高学历、高素质、年轻化、专业化的人才队伍，夯实了企业研发和市场拓展的强大后盾。

（二）华为公司的经验

深圳市华为技术有限公司成立于 1987 年，是一家从事通信产品的研究、开发、生产和销售的高新技术企业。自成立以来，已有员工150000 多名，产品涉入交换、传输、无线和图像通信、智能网、多媒体等多个领域，并实现了在大容量数字交换机、图像多媒体通信、高频电源等系列技术上的突破，华为的产品和解决方案已经应用于 170 多个国家和地区。服务全球 1/3 的人口。多年来，为"发展拥有自主知识产权的世界领先的电子和信息技术支撑体系"，华为公司尤为重视积聚人才和对科技研究开发的资金投入。现在公司员工具有本科以上学历的占85% 以上，科技研究开发人员占 45%，每年投入研究开发的费用占销售额的 10%。

华为公司既重视对研究开发的投入，更加注重利用和保护智力成果。从 1994 年开始，成立了专门的企业知识产权管理部门，配备知识产权方面的专业人员，形成了立体的知识产权保护网络。

1. 注重聘用素质高的知识产权方面专业人才，建立并不断完善知识产权制度

一个企业如果拥有充足的人员并建立了有效的组织体系，这是做好知识产权管理工作的基础。尤其是企业专利工作的各个方面要求知识产权工作者不仅要熟练掌握与知识产权相关的法律知识，而且要非常了解本产品领域相关的技术背景；既要具有经济和经营头脑，更要有敏锐的市场洞察力。

华为公司非常重视精心挑选和培养人才。要求知识产权管理的专职人员必须懂得相关法律，除此之外，专事专利工作的人员还要具备理工科背景、专事无形资产管理的人员必须精通经济和计算机网络、专事诉讼与非诉讼法律事务的人员要精通通信技术等。在工作中，华为公司经常组织员工学习知识产权相关知识，经常派知识产权工作者参加国际国内各种知识产权研讨会和培训，便于及时了解公司与竞争对手的新近发展动态。华为公司现有十多名知识产权工作的专职员工，他们已经成为公司知识产权管理工作的中坚力量。

华为公司的知识产权管理结构，设有知识产权部并设专门的负责专利、商标等各项事务的知识产权管理部门，并与技术开发部、总体技术办、流程管理处、安全管理部等部门联合成立领导小组，建立多部门联系制度，以便知识产权管理部门加强与技术人员和其他管理人员间的沟通，便于了解各个环节的进展情况以及开发人员的需求等，使本企业的知识产权工作细化到全公司的各个部门和每个员工。

华为公司为了使知识产权管理规范化，制订了如《华为知识产权管理办法》、《华为公司科研成果奖励条例（试行）》、《关于接触尖端技术、商业秘密、管理核心机密的有关人员的管理规定（试行）》等文件，形成了规范的知识产权管理制度。①

---

① 《重视知识产权　发展民族企业——深圳市华为技术有限公司知识产权管理经验》，《科技与法律》1999 年第 1 期。

2. 建立并不断完善知识产权激励机制和责任体系

企业知识产权的管理工作不单单是少数专职人员的事，更需要企业全体员工的积极主动参与和配合。为此，企业能否充分调动员工参与知识产权事务的积极主动性和自觉性非常重要。华为公司做得非常出色，该公司格外重视对员工的奖励，在《华为公司科研成果奖励条例》中设有包括专利申请、初审合格和专利授权等各奖项。采取不定期奖励和分阶段发放的办法，不定期奖励为公司带来巨大经济效益的发明专利，并根据专利申请进展情况分发阶段性奖励，并不是待到专利得到授权后才给奖励（意即授权前奖励）。另外，公司还设有专利和保密的荣誉奖，专门奖励那些对专利工作和保密工作做得比较突出的部门和个人。上述这些措施对公司顺利实施和开展专利和保密制度都起到了极大的推动作用。① 华为公司还制定了《专利创新鼓励办法》，在各种奖励之外，将专利工作与员工的绩效考评、员工的收入直接联系在一起，使专利奖励制度更加健全和完善，极大地调动了员工申请和利用专利的积极性。

华为公司还建立了比较完善的责任体系。公司建立严格的相应责任人制度，相应的责任人包括公司各部门负责人和单项技术（或产品）的相关项目（或产品）经理。相应责任人对因其在知识产权工作失误给公司造成重大损失的任何事故承担相应的责任。

3. 重视加强知识产权宣传工作，全面提高员工的知识产权意识

加强对知识产权工作的宣传，全面提高员工的知识产权意识成为华为公司知识产权常规管理工作的重要内容。华为公司对所有新进员工进行上岗之前为期半个月的培训，知识产权保护（尤其是保密和专利知识）是培训的一个重要内容。公司经常以知识产权专题讲座形式对从事知识产权研究、开发和管理人员进行业务培训。并针对具体工作中涉及的专利开发、申请过程、专利利用等不同内容，对单个员工进行详细讲解。另外，公司还充分利用网络资源，不定期在内部网上发布大量有关知识产权的信息，这样为员工及时把握知识产权动态信息提供了便利快捷通道。

---

① 《重视知识产权　发展民族企业——深圳市华为技术有限公司知识产权管理经验》，《科技与法律》1999 年第 1 期。

4. 介入公司流程，实行规范化管理

华为公司把知识产权管理环节加入到公司规范化管理和制定 ISO9000 各种流程中，不同阶段的侧重点有所不同，整个知识产权工作贯穿于从新产品的研究开发到生产、销售和服务的全过程，便于知识产权管理者及时了解关于新产品的开发、新商标的设计、需要保密的材料、可以申请专利的技术、侵权发生的可能性等各种情况。既形成了知识产权保护网，又加强了对知识产权的利用，预防侵权。

5. 充分利用外部资源，加强对外交流与合作

华为公司注重派出知识产权工作人员参加专利局或其他机构组织的知识产权培训，并经常与其他企业交流经验。不定期邀请一些知名的律师、专利审查员以及专利商标代理人来公司针对工作中的具体问题作专题讲解。

华为公司充分利用国内外信息机构的优势，为公司的研究开发提供便利。例如，通过从专利局订购包括我国、美国及欧洲国家的专利索引光盘、专利说明书摘要光盘等方式获取专利文献；通过因特网对其他国家的专利进行检索；经常委托国内的权威信息机构进行专业检索以获得建议、标准以及论文全文等信息。

（三）中石油的经验

中国石油集团（英文缩写：CNPC）全称是中国石油天然气集团公司，它是由中央直接管理的国有特大型央企，是国家授权投资的机构和由国家控股的综合性石油公司。中石油天然气集团公司在建立现代企业制度的进程中，按照目标、任务明晰原则、权责对等原则、专业化分工合作原则、管理幅度与管理层次相适应原则、效果和效率统一原则，初步建立了对内部和外部环境变化有一定适应能力的知识产权管理组织机构。

1. 公司知识产权管理机构

中石油公司的知识产权管理组织机构和工作网络属于职能式组织模式，也带有某些矩阵式组织模式的成分。管理组织由知识产权决策层、管理层、执行层 3 个层次组成，并与信息、服务支持层结合，共同构成知识产权工作网络。

2. 知识产权创新管理

中石油公司一直非常重视企业的知识产权工作，大胆创新，着力于

企业自主知识产权的发展，使知识产权工作稳步扎实推进。"十二五"开局之年，中石油公司以 3122 件发明专利申请继续位居国内企业第三。

中石油公司多年遵循着 24 字方针："集团所有、两级管理、授权经营、有偿使用、企业获益、奖酬个人"，其总体战略思路是"加强管理、培训和融合"。加强管理，就是将建章立制系统化，做到有章可循、落实到部门和专人；加强培训，即培养更多精通知识产权的人；加强融合，就是将知识产权与企业的科研创新及管理融合成水乳交融的运行过程。

中石油公司特别注意将知识产权工作渗透于科技项目管理的各个环节。还特别重视提高知识产权管理岗位人员的业务素质。

中石油公司通过"四结合"体现了四个方面的创新，即实现了创新与生产、当前任务与长远发展、自主研发与开放合作、专业研发与群众性技术革新等四个方面相结合。该公司提高其技术创新能力的根本点在于竭力打造"一支具有国际竞争力的技术创新人才队伍"，目前已形成了集团公司创新能力持续稳定提高、创新成果产业化效益良好、创新战略在企业中全面展开的良性发展局面。

第二节　我国中小企业知识产权建设存在的主要问题

据对我国 651 户工业企业（其中：大中型企业 253 户，小型企业 398 户）调查资料显示，大中型企业中申请专利的只有 67 家，占同型企业样本数的 26.5%；拥有注册商标的企业 73 家，占同型企业样本的 28.9%；申请了版权（计算机软件）登记的企业 16 家，占同型企业样本的 6.3%。而被调查的小型企业中，仅有约 3.5% 的企业申请过专利、约 13.9% 的企业注册了自己的商标，竟然没有申请过版权（计算机软件）登记的企业，拥有自主知识产权的企业仅占（不足）被调查样本的 1.5%。[①]

资料显示，规模越大的企业，投入的研发费用总量越多。被调查企

---

① 万兴亚：《长春市企业知识产权建设的现状与推进机制》，《长春市委党校学报》2009年第 2 期。

业知识产权研发投入为306.8亿元：其中，大型企业投入268.1亿元，占被调查企业数的87.4%，户均投入16.8亿元；中型企业投入18.7亿元，占被调查企业数的6.1%，户均投入0.3亿元；小型企业投入20亿元，占被调查企业数的6.5%，户均投入0.1亿元。

改革开放以来，我国企业不断转变经营理念，一部分中小企业已经从简单仿制、依赖低价格优势逐步转变到重视知识产权和依靠科技创新上来，但更多中小企业在知识产权建设中还存在着一些不容忽视的问题。这些问题分别表现在以下四个方面。①

一　知识产权创造方面存在的问题

（一）企业知识产权拥有量偏少，企业核心竞争力缺乏

企业核心竞争力，是指企业集发明专利研发能力与专利产业化能力（新产品制造与市场营销能力）两者为一身的综合能力。其中，专利研发能力最为重要。在发明、实用新型、外观设计三种专利中，由于只有发明专利涉及新产品的核心技术，实用新型只对某些产品的局部有所改进，而外观设计也仅仅涉及产品外观的改善；因此，发明专利在三种类型中最为重要，体现了企业知识产权开发和自主创新能力的基本水平。

改革开放后，我国工业企业无论在数量上还是规模上都有较快增长，但绝大多数中小企业依靠消耗资源、粗放经营、简单加工的发展模式，实际上处于所属行业的产业链低端。大多数中小企业不具备核心技术的研发能力（或者研发能力不强），有的即使进行技术研发也阻力重重，对它们来说，自主创新举步维艰。据对651家工业企业研发投入占企业销售额比例调查显示：企业规模越大，研发投入占企业产品销售额的比重就越大。大型企业研发投入占企业销售额的2%，中型企业研发投入占企业销售额的0.6%，小型企业研发投入占企业销售额的0.3%。国际企业界普遍认同这样一组数据，研发经费占企业销售额的5%以上，这样的企业才有竞争力；两者比例为2%仅够维持；而这个比例不足1%则难以生存。可见，在我国，即使是大型企业，也是仅达到维持

① 万兴亚、许明哲：《中国中小企业成长及软实力建设》，中国经济出版社2010年版，第279—284页。

的状态，与达到"有竞争力"的水平相差 3 个百分点，中小型企业则差距更大了，可谓相差甚远。中小企业研发投入的严重不足既阻碍了企业进行技术改进和创新，又导致企业技术创新的动力严重不足、企业知识产权的拥有量持续偏低，还大大削弱了企业的持续竞争能力，制约了企业的健康成长和进一步发展壮大。

（二）"贴牌生产"（OEM）限制了发明专利和自主品牌的开发

OEM（Original Equipment Manufacturing）英文直译为"原创设备制造商"，通常被译为"贴牌制造"或"定牌加工"。典型的方式为：品牌拥有者不直接生产产品，而是不断利用自己的关键技术设计和开发新产品，控制产品的销售市场，具体的加工任务交给承接任务的企业（即受委托方——拥有原有设备的加工方），承接任务的制造方就被称为OEM 厂商。按产品设计方要求加工完成后，贴上委托方品牌商标，交货。在整个活动中，整个产品营销系统、品牌等无形资产由委托方掌控。加工方从中只获得加工费用（部分利润），没有经销该商品的权利，委托方则获得扣除付给 OEM 厂商加工费以外的从产品设计到销售整个过程中产生的所有回报。

长期以来，我国的中小企业大多利用"贴牌生产"战略。加入WTO 后，这种战略已成为一股席卷中国的热潮。目前，中国家电企业90％以上都不同程度实施 OEM，80％的 PC 品牌机都是通过 OEM 方式生产，其他 IT 产品，大到服务器、笔记本电脑，小到打印机、显示器、扫描仪、键盘、音响等，90％以上都是 OEM 产品。"贴牌"生产对我国中小企业来说可以消化企业闲置生产能力、降低生产成本，有助于了解、学习、消化和吸收国外先进技术和管理经验等，但这些企业采用的关键设备（技术）甚至品牌完全依赖外方（即委托方），严重限制了自主专利开发和自主（民族）品牌的建立。由于"贴牌生产"的核心技术和销售渠道掌握在别人的手中，中小企业只能成为别人的生产车间，尽管在短期内能使企业获得微薄利润，但很难获得高利润。虽然国内一些中小企业从 OEM 做起然后获得成功（如格兰仕），但长期看，能够通过利用别人的品牌然后推出自己的品牌的中小企业毕竟还是少数。企业没有自己的核心技术，没有自己的知名品牌无法持续生存下去。企业如果持续采用 OEM，对于促进我国经济增长的作用应该是十分有限的。

（三）多数中小企业知识产权信息意识缺乏，不善于利用已有的知识产权信息检索资源

企业先进的知识产权信息情报系统是企业能够顺利实施知识产权战略的主要基础和情报保障。高效运用信息情报系统可以成为企业制胜的一个重要法宝（如北大方正集团）。研究表明，知识产权信息情报主要是专利文献信息，专利文献信息占全世界最新发明创造信息总量的90%以上，丰富的动态信息资源是企业应当首选的重要竞争战略资源，是一个即取即用的近乎取之不尽、用之不竭的智囊。据统计，如果企业在研究开发工作的每个环节都能够有效利用专利文献，就可以节约科研开发经费的40%和研究开发时间的60%。大力开发知识产权信息、加强企业情报研究和利用，将会有效地促进企业自主知识产权的创造。

通过信息检索系统，企业可以了解自身的专利情况，又能了解竞争对手的主要技术情况以及潜在竞争对手的一些相关信息，做到知彼知己，以便及时调整制订适应自己的知识产权战略。然而，我国绝大部分中小企业不知道如何利用知识产权信息检索资源，缺乏充分利用知识产权信息的意识。在研发工作中，由于没有充分利用知识产权信息，低水平的重复研究现象非常严重，浪费了企业原本有限的科技资源，也造成了人力、物力、财力的严重浪费，专利侵权严重，维权意识淡薄。目前，知识产权信息利用率低，已经成为影响我国中小企业知识产权开发的另一个关键性限制因素。

二　知识产权运营方面存在的问题

企业知识产权运营就是指企业通过知识产权交易、转让、购买、布局和联盟等一系列竞争行为使企业通过知识产权的综合优势来提升自己的核心竞争力。[①] 企业知识产权运营在企业尤其是高技术企业发展中具有其独特的功能和作用，是其他任何经营不能替代的。搞好知识产权运营，可以从无形资产中获得利益，有效遏制竞争对手，并不断提高企业的竞争力。目前，企业知识产权运营已经成为企业开拓国内外市场的重

---

① 王黎萤：《中小企业知识产权战略与方法》，知识产权出版社2010年版，第16页。

要工具。然而，我国诸多中小企业的知识产权运营水平却较低，制约了经济效益的提高。

（一）科技合作中的产权不清，阻碍了企业知识产权的有效利用

由于中小企业合作科研（专利）项目来源复杂、产权归属呈多样性，常常会出现不同利益主体之间权属不清、利益分配不均等问题。实际上，职务发明与非职务发明之间也的确存在着一个模糊地带，难以划分清楚。

近年来，有关技术成果持有人（或转化获益人）对科技成果发明人的奖励数额以及技术入股问题在专利法、技术合同法和成果转化法中都有规定，并明确规定允许以技术作为无形资产入股，但实际操作仍存在诸多困难。例如，如何对技术进行评估定价、所占比例如何才能恰当合理等，这些都难以做到让个人和企业最大限度地实现利益均衡，这直接阻碍着中小企业对知识产权的有效利用。

（二）中小企业的知识产权经营举步维艰

知识产权经营涉及知识产权的交易、转让、购买、布局和联盟等，是一种非常复杂的活动。经营活动中必须对企业知识产权进行评估。我国技术市场机制不健全，加之知识产权技术本身具有复杂性、应用前景的不可预期性，没有明确统一、易于执行的计算方法和依据，具有很大的不确定性。其价值受其收益额、折现率、收益期限（即经济寿命周期）、收益变化趋势、技术成熟度、转让内容、市场供需、区域差异等因素的影响，企业经营管理者很难驾驭对知识产权动态的价值评价，往往把精力专注于专利和商标的申请和注册上，而很少对其转让或许可贸易的价格、企业知识产权资本化价值、侵权赔偿诉讼等做出专业和合理的估计，再加上知识产权市场运行的规范性不足等，没有将知识产权视为企业谋求生存和发展的极其宝贵的经营资源，没有形成体系化、制度化的知识产权经营战略，使企业的知识产权经营很难有效展开。

（三）企业拥有的知识产权实施比例和商品化程度不高

知识产权技术只有在商品化、产业化过程中才能实现其真正的价值。目前，我国一些企业虽然拥有自己的知识产权，但由于新的技术解决方案或者实验室成果需要二次开发才能用于工业生产和产品制造，或者因专利技术不成熟、相关技术不配套，商业价值不大，或者由于产业

化、专业化人才的短缺、资金的匮乏和知识产权商品化、产业化渠道不畅等因素,科技成果产业化率(即企业知识产权实施比例)比较低。由于专利技术成果长期得不到有效转化利用,企业在知识产权上的技术研发投入就得不到价值补偿,技术创新遂逐渐失去了经济动力。在许多跨国公司中,知识产权交易收入占很大的比重,而我国大部分企业,企业知识产权成果通过交易获得的收入在企业总体收益中的比例很少,甚至为零。据国资委问卷调查,我国80%以上的企业从未在专利方面或版权方面有过交易活动,90%的企业从未在商标方面有过交易活动。①

三　知识产权保护方面存在的问题

知识产权制度本质上是一种保护创新、鼓励创新、激励创新的制度。企业在不断创新的过程中,运用知识产权法律制度来保护创新的成果,既要避免自己的知识产权被侵犯,也要尊重他人的知识产权,避免侵害他人的知识产权。

(一)　不少中小企业知识产权保护意识不足导致知识产权弱保护

企业对技术创新成果申请知识产权保护后能够得到的商业价值认识不足,许多企业不了解入世后保护知识产权的重要性和迫切性。部分中小企业过分重视有形资产的投入而忽略对专利和商标等无形资产的投入,认为自己的技术和产品过硬就足够了,不善于用法律来保护自己的智力成果;甚至由于运用法律保护知识产权的相关知识缺乏,不去申请专利来保护自己;有的是唯恐自己的技术秘密会被公开而不去申请……直到自己研发的技术、创立的品牌被抢先申请或抢注,不得不损失重金买回本属于自己的知识产权和市场份额。很多企业知识产权保护意识的提高非常被动,是从沉重代价中汲取的。这种事件不胜枚举:新疆联合机械(集团)有限公司生产的"新疆-2"联合收割机因没有申请专利而遭到克隆就是典型的例子,沉痛的教训不得不让企业提高保护意识,走上"自主创新和保护知识产权"之路。

很多企业虽然有商标申请和保护意识,但没有掌握商标的综合运

---

①　企业知识产权战略与工作实务编委会编著:《企业知识产权战略与工作实务》,经济科学出版社2007年版,第53页。

用，不会利用商标信息检索来了解自己要确定的品牌的相关情况，更不去关注全球市场商标运用的基本情况，出现自己的商标被恶意侵权的情况，令企业痛失市场资源。近些年频频发生这种案例：北京章光101集团董事长赵章光就是因不了解品牌效应和自主知识产权，自认为注册了"章光"和"象东"商标就会高枕无忧，使得在日本市场占有率极高的101商标反被日本人抢注，一直被延误了十余年后，才拿到自己的"章光101"商标，这不能说不是一个惨痛的教训。①

据对我国253户大中型工业企业的调查，我国企业申请国外专利的比例不足2.2%，在企业商标注册方面，我国企业注册国外商标仅占12%，一些企业的产品甚至以无品牌化的形式进入国际市场，利润很低、经营风险也很大。全国人大常委会原副委员长蒋正华曾透露：2006年全国人大组织了一次《专利法》的执行检查，表明"全国还有99%的企业连一件专利都没有。"② 这一数据，绝不是危言耸听，这些企业当中，几乎都是中小企业。到现在应该有所变化，但不会有太大的变化，在某种程度上可以说中小企业的知识产权意识是相当薄弱的。

（二）"贴牌生产"不利于企业知识产权保护

"贴牌生产"能够给企业带来短期效益，但从长远来看，对企业知识产权的开发和保护都不利，它将会是无法估量的隐患。目前，洋品牌几乎遍布国内市场各个角落：肯德基、麦当劳、强生、宝洁、可口可乐、索尼、柯达等，国内几乎每个老百姓都比较熟悉几个外国的品牌。有的时候，本土品牌反倒被弱化。可想而知，本土品牌想从已经被公众认可的洋品牌手中夺回广阔的国内市场，难度是相当大的。

贴牌生产容易导致受委托企业淡化其原有的商标。所以，我国受托企业一定要以此为戒，保护好自己的商标。随着不少发达国家转变了对我国的投资方式，一些外商不惜出巨资同一些具有名牌商标的知名企业合资。合资并控股后，立即以新的商标或外商的商标取代中方名牌商标，将中方名牌束之高阁。待中方醒悟或者合资合同期满，外商新的商

---

① 王黎萤：《中小企业知识产权战略与方法》，知识产权出版社2010年版，第132—135页。

② 蒋正华：《提高自主创新能力，改变经济增长方式》，http：//finance. sina. com. cn/hy/20070525/12473630194. shtml。

标已打开我国市场，中方昔日的名牌早已布满尘埃，无人问津了。

（三）部分企业不尊重他人的知识产权

一些中小企业对我国知识产权保护的法律制度存在一些误区。有的企业管理者很明确地知道本企业的行为属于侵犯他人知识产权的范畴，认为自己实力不强通过模仿别人的产品打价格战才能让自己生存，并认为是企业获得生存的捷径；或者认为自己企业小，不被别人注意，即使有侵权行为，权利人也不会发现，即使发现也算不得什么大事；甚至侵犯到了国外权利人的知识产权还因自己的"聪明"而沾沾自喜。

加入世界贸易组织后，企业必须确立保护和尊重知识产权的理念，遵照世界贸易组织的规则来规范自己的行为。任何侵犯知识产权的行为，都将受到被课以罚款、责令退出国际市场等严重惩罚。由此，遵守 WTO 知识产权规则，不单是中小企业进入国际市场与国外企业公平竞争的前提和基础，而且也是企业充分获得国际市场利益、规范企业自身行为的保证。这就要求中小企业必须牢固树立尊重知识产权、保护知识产权的观念，并学会充分利用知识产权来保护自己、发展自己。

从对外贸易调查情况看，我国中小企业知识产权意识十分淡薄。由于低、散、小的企业多集中在一些技术比较简单、便于模仿、易于进入的行业（领域）；因此，一些中小企业还没有能力或者没有意识到将发展战略转移到依靠研发投入驱动技术创新、不断提升自主知识产权能力以获取竞争优势上来，"仿名牌"依然被这些企业视为"快速发展"的便利通道，随之而来的便是频频发生的各种知识产权侵权行为，自然沦为假冒、盗版等侵犯知识产权商品的衍生之地、藏身之所。这不仅破坏了市场经济秩序，阻碍了国民经济健康运行，也影响了我国的投资环境。应对激烈的国际竞争，我们的中小企业要努力冲破国际上的知识产权壁垒，既要做好维权的准备，又要防止自己侵权事件的发生。

四　知识产权管理方面存在的问题

知识产权作为企业重要的经营资源、竞争资源和无形资产，与企业的人、财、物一样，也是开展企业生产经营不可缺少的要素。中小企业只有通过对知识产权的精心管理，才能从知识产权优势中获得最佳经济利益。

（一）中小企业缺乏知识产权专门管理机构及专职管理人员

我国的知识产权立法、司法和执法水平的长足进步，从政府层面为中小企业知识产权管理制度的建立提供了基本的制度平台。但目前我国知识产权行政机构设置上存在着过于分散、不科学的弊端，不利于帮助企业做好知识产权管理工作。企业层面，有的企业通过设立管理部门、建立管理制度和鼓励员工创新等对企业内部进行知识产权管理，说明中小企业知识产权管理工作只是停留在制度层面，管理水平相对较低。多数企业都没有将知识产权管理纳入企业战略管理规划体系之中，即使有的企业制定了企业战略规划，也只是更多关注专利申请和保护工作，对专利的交易、投资等缺乏规划。

调查显示，目前我国绝大多数中小企业没有设置专门的知识产权管理机构并配备相应的管理人员。由于一些中小企业苦于资金缺乏，宁愿将有限资金用于科技研发或聘请一个技术指导，不愿单设独立的知识产权管理部门来负责管理研发成果。由于缺乏将企业知识产权管理与企业业务紧密结合的专门人才，有关知识产权管理工作往往由企业相关部门和相关人员兼管，这一兼管行为并未能真正发挥知识产权管理机构的作用，通常使企业知识产权管理流于形式或无人问津，大大限制了中小企业知识产权资源作用的发挥。[①]

（二）中小企业缺乏规范、完善的知识产权管理制度

建立健全的中小企业知识产权管理制度是落实知识产权建设的最基础性工作。知识产权作为法定权利的规范性特点，决定了知识产权管理具有规范性。健全完善的企业知识产权管理制度，是企业对知识产权实施严格、规范的管理不可缺少的前提。

企业知识产权管理应该体现在企业内部知识产权的申请、评价、保护、经营等各个方面，包括知识产权战略规划、管理机构设置、人

---

① 童兆洪：《民营企业与知识产权司法保护》，浙江大学出版社 2006 年版，第 21—25 页。

员组成、知识产权过程（创造和经营）管理制度、合同管理、知识产权奖励与利益分配制度、技术资料与商业秘密的管理、职务与非职务产权界定、对外合作管理，等等。① 目前，我国的一些中小企业没有建立各方面协调统一的知识产权管理制度，有的即使建立了知识产权管理制度，但不符合国家法律法规的相应规定。例如，不专设知识产权专业管理人员、对科技人员没有科学有效的激励制度，职务发明和非职务发明创造没有明确的界定，对科研人员流动缺乏有效监督约束，没有建立起企业无形资产风险防范机制，等等。知识产权管理不规范，难免使一些企业在技术引进、产权交易等一些事务处理上表现出随意性、盲目性。

第三节　我国中小企业知识产权建设存在问题的原因分析

前面我们列举了我国中小企业知识产权建设存在的一些问题，产生这些问题的原因可以归结为两个方面：一方面是由企业自身原因所致，我们称其为内因（主因）；另一个方面是由企业外部原因所致，主要有管理体制原因、政策导向原因和合作服务原因等，我们称其为外因（次因）。下面分别进行具体分析。

一　内因分析

（一）诸多中小企业在企业知识产权建设上面临着"三缺"

"三缺"主要是指：缺资金、缺人才和缺科技。

第一，缺资金，即企业能够用于知识产权建设的资金十分有限。事实上，在知识产权开发和管理中需要有大量的资金作为支撑。调查中发现，只有少数企业能够通过自身努力解决；而多数企业维持正常的生产经营尚显得力不从心，哪还有精力顾及知识产权建设？当然，还有一部分企业出于其他原因，要么投入知识产权建设方面的资金比例偏低，要

---

① 冯晓青：《企业知识产权战略》（第 3 版），知识产权出版社 2009 年版，第 473—474 页。

么舍不得投入。

　　目前，中小企业缺资金堪称亟待中小企业破解的最大难题。大多数中小企业成立时间短、规模较小、自有资金偏少，仅靠自身积累难以满足其扩大再生产的需要，因此，融资就成为中小企业获得经营资金来源的重要渠道。我国企业的融资渠道主要有：一是发动企业内部职工集资；二是向民间借高利贷；三是申请银行贷款；四是依靠发行债券；五是发行股票上市。① 前两种渠道的局限性在于：企业内部职工集资，往往受制于集资规模和有关管理规定；而民间高利贷成本高，往往使企业难以承受，而且容易引发债务纠纷。后三种渠道虽然具有融资规模大、融资成本低等特点，但实际上，中小企业真正做起来难度较大。由于中小企业自身财务管理水平普遍低、资信等级普遍较差、抵御风险能力较弱，加之企业缺乏足够的贷款抵押担保，这些因素的客观存在都加大了金融机构向企业投资的风险性和管理成本，使得中小企业融资困难。

　　第二，缺人才，即企业知识产权专业人才匮乏。在知识经济时代，人力资本已成为企业最重要的资本，人力资源成为第一资源。能够拥有一支知识产权专业及相关知识结构合理、学科配套、学历层次高、学科基础扎实、创新能力强的知识产权人才队伍是搞好企业知识产权建设工作的关键。尽管有一些中小企业加强了对人力资源的重视，但传统人事管理中强调服从分配、否定个人需要和个性的"重管理轻激励、重执行轻战略"的弊端依然留存，缺乏真正意义上的人力资源管理战略设计。加之受资金、实力等方面因素所限，在人力资源开发方面处于明显劣势，这已经成为制约企业知识产权建设的"瓶颈"。

　　人才的短缺，使得我国企业很难取得自主知识产权，没有专业的知识产权管理人才，已经取得的知识产权也会丧失，比如对于取得的专利和商标，不经意中很容易流入公共领域，成为"公共产品"。由于企业本身人才激励制度的缺失，也使企业丧失了对高端人才的吸引力。相比之下，外资企业的相对优势对知识产权人才产生了很强的诱惑力，企业

---

　　① 乔占友：《我国中小企业知识产权建设的推进对策研究》，硕士学位论文，东北师范大学，2008 年，第 11 页。

知识产权人才的缺乏和流失变得越来越突出。知识产权人才缺乏使得企业知识产权建设步履维艰。

第三，缺科技，即企业知识产权建设科技支撑力缺乏。据统计，我国的科技人员和研究开发人员数量分别位居世界第一、第二位。但技术的对外依存度较高，按技术引进合同金额计算，2006年，技术对外依存度约36%。① 2011年，我国优势传统技术领域，如食品化学、土木工程和药品等的国内发明专利申请和授权优势持续扩大，我国在国内发明专利申请所占比重方面呈现出逐渐甩开国外来华申请的普遍趋势，但是国外在光学、医药技术和音像技术等领域的专利布局仍相对具有较高的强度。国外在光学，运输，音像技术，医药技术，半导体，发动机、泵、涡轮机等六个技术领域中的发明专利授权量仍然保有比重优势。② 近些年来，国内一些企业的生产能力位于世界前列，但没有核心技术（如我国的DVD生产），产品出口频频受阻于知识产权，廉价劳动力的优势也在逐渐被削弱。

在国家倡导产学研结合之际，一方面，我国企业科技力量相对薄弱，另一方面，我国的大学和科研院所具有的相当丰富的科技资源没有发挥出来。当务之急，应着力加强企业与大学、科研院所的合作，以转变企业科技力量相对薄弱的困境，使企业知识产权建设拥有强大并坚实的科技支撑。

（二）诸多中小企业对知识产权建设缺乏认识，投入不足，管理不善

对于企业来说，知识产权建设是一项高投入、高风险和更高产出的"利在千秋"的重要工作。由于多数中小企业沿袭家族式管理方式，管理水平落后，企业内集权现象非常严重，管理高层多属"近亲"，不利于企业创新思维的形成和管理水平的提高，对知识产权可以带来的经济效益的预期往往出现"短视"判断，只顾眼前利益，忽视对科技人员创造性、积极性的激励，忽视对企业持续发展的规划或者根本不具备谋划企业未来的预见力、洞察力，舍不得在知识产权建设上投入更多的资

---

① 张玉台：《中国知识产权：战略转型与对策》，中国发展出版社2008年版，第2页。

② 规划：《2011年中国发明专利申请和授权年度报告》，《中国发明与专利》2012年第4期。

金和人力。甚至在有些经济技术实力比较强的企业当中，也存在一些因舍不得投入而错失良机的企业，往往在激烈的市场竞争中处于劣势甚至处在被淘汰出局的边缘。

二　外因分析

（一）政府促进中小企业知识产权发展的职能没能够充分发挥

为企业知识产权事业提供良好的法治和政策环境，是政府应担当的不可推卸的重要使命。政府加强知识产权管理是我国提高自主创新能力、建设创新型国家的客观需要，是保障公民合法财产权利、建设社会主义和谐社会的必然选择，也是应对激烈的国际竞争、提高国家知识产权核心竞争力、增强国力和促进经济社会持续、健康、快速发展的基础。[①] 近些年来，政府在推动企业知识产权自主创新能力提高、知识产权建设能力提升方面做出诸多努力，然而，也存在着诸多不足。

1. 管理体制方面

长期以来，我国知识产权领域中的专利、商标、版权等分属于国家和地方的知识产权局、工商局、新闻出版署（局）等不同政府部门管辖。另外，对企业实施综合管理的经济管理部门（国家工业和信息化部及省市工业和信息化厅等）的内部也没有专门设置关于企业的专利、商标、版权的专门处室，而由某一处室代管。因此，企业知识产权建设的宏观（区域）管理体制不顺畅。

不论从专业间的联系，还是从国外管理经验都可以看出，这种情况不但不符合国际惯例，也容易导致诸多部门针对企业的虚无管理或者多头管理。由于知识产权管理体制不顺畅，一方面会出现"谁都管，谁都不负责任"的现象，另一方面易形成"多龙治水"的局面，很容易使企业无所适从。

2. 政策导向方面

（1）政府制定的鼓励企业技术创新的政策没有落实到位。由于政府与中小企业信息不对称、知识产权申请程序复杂，很多企业对政府一些政策缺乏了解和领会，有的时候享受不到政府给予的激励政策，抑制

---

① 范晓波主编：《中国知识产权管理报告》，中国时代经济出版社 2009 年版，第 48—52 页。

了企业创造热情的提高。也存在着地方政府对省市政府制定的支持中小企业技术创新的政策没有很好地落实的情况。

（2）政府制定促进中小企业知识产权有效利用的政策法规不到位。在促进知识产权商品化、产业化过程中，政府缺乏对创新活动明确的知识产权政策导向，各领域中的知识产权管理力度和科学性不足，缺少能够符合地方和企业、行业实际的切实可行的税收、财政方面的支持政策。国内创新产品常常受到不公平待遇，有时在不同性质的企业之间实行差别待遇。一句话，知识产权管理制度不完善，政策法规不健全，没有形成鼓励和支持知识产权利用与产业化工作的长效机制，不能形成良好的创新循环体系，导致知识产权成果转化率低、没有充分体现知识产权的实际价值。

（3）政府对企业知识产权意识培养和对公众知识产权意识引导不够。由于政府对企业知识产权培训力度不够，目前，众多企业对知识产权制度不了解，有的中小企业尚不知道政府还有知识产权工作部门，甚至根本不了解知识产权工作部门的职能，有的企业领导根本不重视知识产权工作。由于知识产权的抽象性，公众对知识产权感到生疏，对日常生活中见到的盗版、假冒伪劣等侵权行为后果缺乏足够认识。需要政府花大力气，加大对知识产权的宣传力度，加大对企业知识产权意识的培养，加大对公众知识产权意识的引导。

（4）政府对产学研合作的推动力不足，对产学研合作中常常出现的利益纠葛缺乏适时有力的引导和协调，不能有力协调和化解企业、高校和科研院所三大知识产权主体之间的矛盾。

（二）知识产权中介服务机构不能满足企业对知识产权服务的需求

党的十七大指出："加快建立以企业为主体、市场为导向、产学研相结合的技术创新体系，引导和支持创新要素向企业集聚，促进科技成果向现实生产力转化。"其中的"引导和支持创新要素向企业集聚"，意味着企业技术创新和知识产权建设必然涉及中介服务问题。但是，目前有关企业知识产权建设的合作服务工作，不容乐观。

知识产权中介机构，是指遵循独立、客观、公平和公正的原则，为客户提供知识产权服务的专业性社会中介组织。它包括专门从事知识产权咨询、代理、检索、评估、诉讼等各种知识产权业务的有限责任公司和合伙制经济组织。

　　从目前来看，知识产权中介机构的发展已经在北京、上海、深圳等发达城市获得重视，但是绝大部分地区对此仍然重视不足。目前，我国的知识产权中介机构的发展正面临着旺盛的市场需求和提供服务不足的矛盾。

第五章

典型国家中小企业知识产权建设
经验及其对我国的启示

第一节　典型国家中小企业知识产权建设的主要经验

西方发达国家，甚至是一些已经走上工业化道路的发展中国家，无一不是把知识产权视为重要的竞争资源、作为本国发展战略的重要支撑。无论科技领先型、技术赶超型、引进创新型还是发展调整型国家的知识产权事业发展的成功经验，无疑都为我国发展知识产权事业提供了有益的借鉴。

本节将分别对美国、日本、韩国和印度四国中小企业知识产权建设经验进行分析，主要围绕两个方面：一是国家知识产权战略发展概况——旨在说明中小企业知识产权建设的宏观背景经验；二是中小企业知识产权（建设）发展战略——旨在说明中小企业知识产权建设发展的原则或规划或做法等方面的经验。

一　科技领先型国家——美国的主要经验

科技领先型国家唯一的代表就是美国。目前，美国拥有最完备的知识产权保护体系，是成功实施知识产权战略的典范。有专家认为，美国之所以能够在 20 世纪 90 年代后将日本远远抛在它的后面、保持其在全球经济和科技中的领先地位，源于美国通过利用自己多年积累的科技成果，维护和加强知识产权优势。

（一）美国国家知识产权战略概况

美国的知识产权经历了 19 世纪中期前的知识产权形成期、19 世纪中期到 20 世纪 30 年代的知识产权强化期、20 世纪 30—70 年代末的弱化期、20 世纪 80 年代到现在的知识产权战略时期。20 世纪 70 年代，美国反思国力衰退迹象得出了"美国在经济中最大的资源和优势在于科技和人才"① 的结论。1979 年，时任美国总统的卡特第一次将知识产权战略上升到国家战略高度，提出了"要采取独自的政策提高国家的竞争力，振奋企业精神"。20 世纪 80 年代中后期，里根政府设立了"产业竞争力总统委会员"，建成扬格委员会，提出建议通过保护知识产权来增强美国产业竞争力的《扬格报告》，由此标志着美国知识产权进入新时代。美国继而出台了旨在建立健全知识产权创新的激励机制的《拜杜法案》（1980 年）、《联邦技术转移法》（1986 年）、《技术转让商业法》（1998 年）、《美国发明家保护法令》（1999 年）和《技术转移商业化法案》（2000 年），从而形成整体的知识产权创新体系。在《美国二十一世纪战略计划》中又进一步指出：知识产权是国家资源和美国在全球市场上成功的要素之一，美国经济要保持竞争力，在全球范围内有效保护知识产权是不可缺少的条件。② 要"确保知识产权制度有助于全球经济的强大"，"促进知识产权制度的一体化进程，加强全球的知识产权保护工作"。③

　　目前，美国已经基本建立起一套完整的包括《专利法》、《商标法》、《版权法》、《反不正当竞争法》在内的，涵盖专利、商标、版权及邻接权、商业秘密、集成电路布图设计权、育种权等七大类知识产权保护的知识产权法律体系。④ 美国知识产权行政管理体系包括美国专利商标局、版权办公室、美国贸易委员会、海关等。现在已形成了以成文法为主体、以判例法为补充的立法体系。知识产权成文法包括联邦议会和各州议会制定的知识产权法律。在现行体制下，美国的专利和版权的立法和诉讼属于联邦事务，州和地方政府无权干涉。商标法实行联邦法和州法共存的两级制度。商业秘密则只有各州的法律保护，无统一的联邦法。此外，联邦政府和州政府根据所需各自制定相关法律。当权利人的知识产权权利受到侵害时可直接向法院提起诉讼，但不能请求行政机

---

① 张玉台：《中国知识产权：战略转型与对策》，中国发展出版社 2008 年版，第 201 页。
② 冯晓青：《企业知识产权战略》第 3 版，知识产权出版社 2009 年版，第 62 页。
③ 王芳：《美国知识产权保护的趋势与我国的对策》，《经济纵横》2007 年第 2 期。
④ 徐明华、包海波：《知识产权强国之路》，知识产权出版社 2003 年版，第 86—87 页。

关查处。美国的法院分成联邦法院系统和 50 个州法院系统。另外，美国成立了一些知识产权民间保护组织，如包括出版商、电影市场、商业软件、电脑与商业装备制造商、信息技术、电影、音乐出版商、录音产业在内的八个产业组织的国际知识产权联盟（IIPA），商业软件联盟（BSA），国际反仿冒阵线（IACC）等。[①]

　　（二）美国政府促进中小企业技术创新政策

　　美国主管中小企业事务的政府机构是 1953 年成立的美国小企业管理局（U. S. Small Business Administration，SBA）。下设 80 多个办公室，分布在华盛顿及全国 50 个州的大中小城市。2006 年，其政府雇员 2147人。其职能是通过对小型商业活动的支持，和对灾后经济重建的支持，来保持和强化美国的国民经济。具体职能体现在对中小企业的商贸扶持、技术扶持、金融扶持三个方面。[②]

　　目前，美国已经有较为完善的旨在协调与小企业有关的经济利益、减轻小企业负担、获得诉讼补偿、拓展海外市场等方面的法律法规体系。例如，《小企业经济政策法》、《管理灵活法》、《平等执法法》、《小企业出口扩张法》、《小企业振兴法》等。美国政府还通过政府贷款或担保、政府采购及风险投资建设等财税金融政策来支持小企业发展，还提供信息、银行出口信贷、培训等方面的社会支持。

　　美国联邦政府通过小企业投资创新研究计划（Small Business Innovation Research，简称 SHIR）、小企业技术转移计划（Small Business Technology Transfer Research，简称 SBTR）、小企业研究和研究发展目标计划（Small Business R/R&D Goaling Program）、制造技术推广伙伴关系计划（MEP）、先进技术发展计划（ATP 计划）等对中小企业提供资金扶持、技术扶持和鼓励联盟，这也是政府中小企业创新政策的主要特色。[③]

　　（三）美国中小企业知识产权（建设）发展战略

　　知识产权战略已经成为美国中小企业巩固其知识经济时代领先地位

　　①　张玉台：《中国知识产权：战略转型与对策》，中国发展出版社 2008 年版，第 205—216 页。

　　②　工业和信息化部中小企业司编：《国外中小企业政策对比研究》，机械工业出版社 2009 年版，第 50 页。

　　③　王黎萤：《中小企业知识产权战略与方法》，知识产权出版社 2010 年版，第 132—135 页。

的主要方式。在美国政府的各项中小企业知识产权的法律政策保护下，中小企业的知识产权战略具有明显的国际竞争优势。

美国中小企业视知识产权为一种经营资源，并将其置于经营战略的重要地位。中小企业在维护、巩固其全球性的竞争优势时主要依靠带有较强进攻性特点的专利战略。其主要特点表现如下：根据不同情况，充分利用专利法，拟订详尽的专利申请策略，既保护了自己又给竞争对手设置了重重障碍，最大限度地遏制竞争对手，在关键技术的核心领域构筑专利防御体系，弥补单纯司法保护的局限性；中小企业普遍重视专利的开发、运营和扩散，注重专利与标准的结合，并将专利申请与国际投资有效结合起来。而且，美国中小企业在利用专利信息防止专利侵权的同时能够及时有效进行维权，确保自身在市场竞争中的优势地位。[①]

二　技术赶超型国家——日本的主要经验

日本的知识产权制度经历了从明治维新后的 100 多年的发展，现已具备了较完整的知识产权法律体系和管理机构。

（一）日本国家知识产权战略概况

从明治维新到第二次世界大战前，是日本知识产权形成时期。此期间，制定了知识产权的专利、商标、版权等相关法律，并作了多次修改。加入了有关知识产权的国际公约。受当时经济、技术条件的限制，知识产权发展比较缓慢。"二战"到 20 世纪 70 年代末，日本经历了二战的致命打击，而后用几十年时间迅速崛起，政府采取"吸收性战略"的科技政策，通过大规模引进和消化欧美先进技术促进本国经济发展，走"技术立国"之路，使其知识产权制度也迈向复兴。20 世纪 80 年代初，日本通产省发表了《80 年代通产商业政策展望》（1980 年），正式提出"科技立国"战略方针。21 世纪初，小泉政府提出了"知识产权立国战略"。2002 年 7 月，日本召开第 5 次知识产权战略会议，制定了日本规划知识产权立国的国家总体政策——《知识产权战略大纲》。同年 11 月，日本国会一致通过了《知识产权基本法》。[②] 2003 年 3 月，日

---

①　陈乃醒、傅贤治：《中国中小企业发展报告（2007—2008）——中小企业发展及品牌·专利·商标·竞争力》，中国经济出版社 2008 年版，第 262—263 页。

②　冯晓青：《企业知识产权战略》（第 3 版），知识产权出版社 2009 年版，第 64 页。

本内阁成立了知识产权战略本部，连续三年发布"知识产权推进计划"，这一系列行动从法律和行政上确立了"知识产权立国"的方针，形成了举国重视知识产权的体制。① 继而进行知识产权相关法律的修改和制度的改革。《日本知识财产战略大纲》中规定了具体的推进知识产权创造、保护、应用以及人才培养四个方面的战略措施。

目前，日本已经形成了包括《商标法》、《专利法》、《外观设计法》、《实用新型法》、《版权法》、《商法》、《不正当竞争防止法》、《半导体集成电路流程设计法》、《海关法》、《种子和种苗法》、《禁止独占法》等比较完整的法律体系。在其框架内，司法部门、行政部门和非政府部门各司其职、互相协作，形成了一套从中央到地方的知识产权管理机构和管理体系，成为"知识产权立国"的强有力支撑。②

（二）日本中小企业知识产权（建设）发展战略

在日本，知识产权行政管理系统由通产省、文部省和农林水产省组成。通产省下设的特许厅由七个部及工业产权进修所、工业产权审议会组成，负责对发明专利、实用新型、外观设计、商标申请的受理和审批以及各项法律的制定、修改和解释工作，负责制定、实施工业产权政策以及协调国际工业产权保护和其他国际合作事务，促进工业产权信息的传播。而半导体集成电路的保护则由机构情报局负责。文部省负责管理版权（著作权包括计算机软件）的保护。农林水产省负责实施《种子与种苗法》，为保证新品种的质量和真实性，对提出申请保护的植物新品种实行文件审查和实地调查（或栽培实验）相结合的方式。另外，知识产权的边境保护由海关负责。目前，日本形成了由法院（主要包括最高、高等、地方、家庭和简易法院）体系和律师行业提供服务的司法体系。此外，参与知识产权管理的还有日本知识产权协会（JIPA）、国际知识产权保护论坛、海外技术研究者协会（AOTS）、发明协会、日本国际贸易促进协会、专利代理人协会、许可证协会、商标协会、文艺著作权保护同盟、日本国际工业产权保护

---

① 柯欣：《日本的知识产权战略》，《船艇》2006年第8期。
② 范晓波主编：《中国知识产权管理报告》，中国时代经济出版社2009年版，第59页。

协会等民间组织。①

　　日本政府采取各种政策鼓励和促进本国的知识产权创造、利用和保护。如，小泉政府力挽美国利用其企业知识产权横扫日本产业界的危险局面，通过制定《知识产权战略纲要》以促进知识产权创新、提升国民整体创新能力，成为日本知识产权立国战略的核心内容之一。从国家角度实施了三方面战略举措：建立知识创新激励机制、建立考核科研成果的"综合性评价指标体系"和完善大学、公共研究机构的科研环境，推进世界性的研究开发。② 而且，日本政府重视推动企业不断提升其研发层次，通过不断提高知识产权创新质量，来最大限度地获取具有国际竞争力的高端创新成果。主要包括鼓励企业实施综合经营战略；使企业通过运用知识产权战略展开商品生产与服务；推动企业实现从追求数量向追求质量的转变，以创造更多高质量的基础专利；根据专利技术和市场动向定期制定"专利地图"，为中小企业研发提供决策参考，努力将企业研发引向最大可能地获取核心专利的技术研发上；鼓励企业积极创造和制定标准，并将专利标准化，多开发有可能成为国际标准的专利技术。并且一直致力于促进企业科技成果转化，不断制定和完善促进企业知识产权利用的法律。如，每一两年就修改一次的《专利法》、旨在推动研究成果商业化的《科学技术基本法》（1995）、《大学等技术转移促进法》（1998 年）、《关于促进大学等的技术研究成果向民间事业者转移的法律》（1999 年）等。

　　从企业角度来看，日本企业界有一个观念："知识产权是企业的发展支柱。"日本企业（尤其是大企业）都非常重视加强本企业知识产权的保护和动态的管理工作，在本企业内部基本上都设有完整、系统的推动知识产权创造、利用、保护的知识产权管理工作机构，为实现日本的"知识产权立国"战略目标服务。

　　尤为值得一提的是日本企业的专利战略。在政府的支持和工业、技术、贸易、法律的密切配合下，日本企业的专利战略堪称发达国家最成

　　① 张玉台主编：《中国知识产权：战略转型与对策》，中国发展出版社 2008 年，第220—241 页。
　　② 范晓波主编：《中国知识产权管理报告》，中国时代经济出版社 2009 年版，第56—57 页。

功的。作为谋求发展、振兴经济的工具之一，日本企业专利战略随其科技水平的提高和经济的增长而有所变化。与实现日本国向工业国转变、技术立国、科技立国和知识产权立国目标同步，目前，日本企业已经形成了对技术水平不同的国家采用不同战略的策略。对技术先进国家采取用以反控制的防御型的专利战略，对发展中国家采取用以控制对手的进攻型的专利战略，此种防御与进攻战略被称为"攻守兼备"的专利战略。其主要特点是：第一，利用专利法律支持，使中小企业能够围绕基础性关键专利抢先申请各有特色的大量小专利，在严密的专利网保护下，迫使欧美竞争对手以基本专利来与其交换。第二，重视对引进技术的消化与吸收，并以消化、吸收为基础对其加以改进和创新。在"目标工业"政策驱动下，以专利技术为主体形成的"由引进、消化、吸收到创新和输出"的良性循环机制引导中小企业产生大量新专利并且向海外输出。第三，将研究与开发、专利战略、生产经营作为企业生产经营的整体战略，推动企业（包括中小企业）选定商业上最活跃、可以带来巨大经济利益的领域作为研发目标，以取得研发成功并能申请专利保护获得最大经济效益的概率。第四，积极推动中小企业对"闲置专利"的开发和利用，促进专利的实施；重视申请海外专利，充分利用专利先行战略，向国外输出产品或投资，以抢占国外市场。[①]

三 引进创新型国家——韩国的主要经验

韩国是典型的引进创新型国家，新加坡以及中国的香港和台湾地区也都属于此类。韩国与我国的科技创新都起步于 20 世纪 60 年代，但今天韩国已经发展成为成功运作知识产权公共政策的后起之秀，其成功之道值得我们深思。

（一）韩国国家知识产权战略概况

20 世纪 60 年代前，韩国经济主要依赖于初级产品出口和国外经济援助，政府对技术发展的重要性缺乏认识，知识产权制度并没有发挥多大作用。60 年代以后，在国家"构筑技术发展基础"的技术政策下，

---

① 陈乃醒、傅贤治主编：《中国中小企业发展报告（2007—2008）——中小企业发展及品牌·专利·商标·竞争力》，中国经济出版社 2008 年版，第 264—265 页。

韩国于 1961 年实施《外观设计法》和《新专利法》，原《商标法》和《专利法》被细化为《专利法》、《实用新型法》、《工业设计法》和《商标法》，现代的知识产权制度应运而生，并树立了技术自立的长期发展目标。70 年代中期，韩国提出"以技术为主导"的战略口号，为应对韩美知识产权争端给韩国企业带来的危机，韩国政府开始按照国际标准建立知识产权制度。80 年代中期到 90 年代中期（1987—1993 年），随着韩国经济发展体制从政府主导型向企业主导型转变，企业积极发展高新技术产业，具备了相当强的技术创新能力和国际市场竞争力，韩国由此进入了市场机制下的企业为主的高新技术产业发展阶段。其知识产权战略重点转移到"高新技术本土化战略"和"企业的产业竞争发展战略"方面。1993 年以后，为适应 TRIPS 协议要求，韩国对知识产权法律进行了修改，其知识产权战略发展为以"全球化战略"为核心。目前，韩国以建设知识社会为政府管理目标，实施新世纪积极的知识产权发展战略。其核心内容是：将知识产权制度发展成为对创新知识和技术的创造、产权化、商业化均具有促进作用的系统化的社会基础结构；而且为全面及时应对由经济全球化与现代高科技的迅猛发展而带来的知识产权新问题，积极参与全球高效知识产权制度的建立。① 其知识产权战略具体实施经验可以表述为：政府实施引进、吸收先进技术与自主研究开发的政策；放松对引进技术的限制，使企业能够自由引进所需要的技术；充实和完善相关法律法规，给所有产业以平等发展的机会；加强政府与企业间的合作，研究、开发关键产业技术；健全、完善国家技术研发资金援助制度等。②

目前，韩国保护知识产权的法律有：《外观设计法》、《专利法》、《实用新型法》、《商标法》、《计算机程序保护法》、《版权法》、《半导体电路设计法》、《种子产业法》、《不正当竞争防止与商业秘密保护法》、《海关法》等。2001 年又修改了七部知识产权法律及其相关制度以适应 TRIPS 协议。韩国知识产权局、地方政府、检察院和警方合作，强化了知识产权保护和执法水平。2002 年韩国知识产权局已完成知识

---

① 冯晓青：《美、日、韩知识产权战略之探讨》，《黑龙江社会科学》2007 年第 6 期。
② 徐拥军：《长沙市实施城市专利战略的问题与对策研究》，硕士学位论文，国防科学技术大学，2006 年，第 21 页。

产权服务网络的全面改进，拥有世界最先进的自动化知识产权系统。

韩国知识产权政府管理机构——韩国知识产权局（其历史沿革为1946 年的专利研究所—韩国专利局—韩国专利管理局—韩国工业产权局—韩国知识产权局）负责专利、实用新型、商标、外观设计和版权的保护，并制定了相关的法律。另外，韩国专利信息协会（KIPI）负责提供特定的 IPR 信息服务；科技信息协会（KISTI）是国家信息框架中的重要组成部分，为研发活动提供先进技术的数据库，为高附加值知识提供技术信息分析服务，为延展科技范围提供超强的计算功能等；韩国发明促进协会（KIPA）的主要活动是发明推广、鼓励学生进行发明创造、提供商业化活动、提供专利信息、提供知识产权方面的培训并进行相应的研究。韩国知识产权司法审判分为知识产权审判部（IPT）、专利法院和民事法院，分工负责不同知识产权事务。[1]

（二）韩国政府促进中小企业技术创新政策

2004 年成立的由国务调整室牵头的、致力于推进国家知识产权制度的现代化和经济、科技、文化快速发展的"知识产权保护政策协议会"，负责协调所有的国家知识产权政策。

韩国主管中小企业事务的政府机构是中小企业厅。其主要职能是：通过各种项目和服务，为新兴企业和企业发展创造一个有利环境；帮助中小企业获得资金支持，以便顺利运作、创办、扩大或重组企业；创造一种有助于中小企业雇佣合格人力资源并提高雇员和经理能力的商业环境，提升其竞争力；提升中小企业出口的基础和能力，支持其成功进入海外市场，加强出口能力并提升全球竞争力；通过支持研发工作，加强工业界、学术界和研究机构之间的联系，促进成熟技术的商业化，以培育创新型中小企业；培育风险企业；为培育小型企业和常规市场提供各种服务。[2] 韩国共有包括《中小企业基本法》、《关于振兴中小企业及促进商品购买的法律》、《中小企业创业扶持法》等 12 个有关中小企业的法律，还有包括《关于扶持风险企业的特别措施法》在内的 4 个特别

---

① 李志军：《韩国的知识产权战略》，载张玉台主编《中国知识产权战略转型与对策》，中国发展出版社 2008 年版，第 265—267 页。

② 工业和信息化部中小企业司编：《国外中小企业政策对比研究》，机械工业出版社2009 年版，第 25 页。

法。各种法律涵盖了推进中小企业发展的金融政策、人力资源、风险企业、技术、销售及出口等多方面的扶持政策。

韩国政府出台了一系列措施以帮助中小企业获取知识产权，切实提高中小企业的技术创新能力和竞争力，重视引进和吸收先进科学技术。开展专门针对中小企业的专利服务，比如大力开展普及中小企业知识产权的活动；加强指导中小企业对专利信息的利用；为鼓励中小企业创造和获取知识产权，对中小企业减收专利申请费用。①

（三）韩国中小企业知识产权（建设）发展战略

为了应对20世纪80年代中期在韩美之间发生的一系列知识产权纠纷给韩国造成的严重危机，韩国政府和企业均意识到实施灵活的专利战略是能够在日趋激烈的国际技术竞争中制胜的一大非常关键的举措。韩国的中小企业采用了层层围堵的方式，努力在跨国公司有较高技术含量的专利周围布置专利网，并致力于申请一系列技术含量比较低的相关配套专利，用于遏制跨国公司垄断市场。这一战略策略促使韩国的中小企业不但有效地防御了外国企业的攻势，而且赢得了宝贵时间来提高自身的核心技术实力，从而大大地提高了韩国专利技术的国际地位。② 韩国中小企业还比较注重加强专利商业化，积极运用核心专利技术的购买、许可等知识产权战略。

另外，韩国中小企业在政府提供的援助下积极开展知识产权的海外维权行动。实际上，韩国的知识产权海外维权举措已经形成了以企业为主体，政府、行业中介等非政府组织以及驻外经商机构协同参与的多方联动机制。③

四　发展调整型国家——印度的主要经验

印度政府十分重视知识产权工作，现已成为知识产权公共政策有效运作的追赶者。

---

① 王黎萤：《中小企业知识产权战略与方法》，知识产权出版社2010年版，第86—87页。

② 喻萌：《技术标准战略的法学视角研究》，硕士学位论文，武汉理工大学，2006年，第27页。

③ 刘钻扩：《韩国知识产权海外维权及启示》，《国际经贸问题》2008年第4期。

（一）印度国家知识产权战略概况

印度的知识产权战略经历了 1957 年以前的知识产权保护殖民化时期、1958—1990 年的知识产权制度建设与科技政策相配合的知识产权保护本土化时期、1991 年至今的知识产权保护取得实质性进展的知识产权保护国际化时期。进入 21 世纪，印度总理瓦杰帕伊在 2000 年提出了建设"知识大国"和建立"知识社会"的主张，政府实行重点赶超的科技战略，集中力量，谋求在一些重点领域实现突破。2003 年发布的《科学技术政策》提出：需要重组学术科学体系、通过适宜的鼓励机制促进技术发展，采取措施增加产业对基础与应用研究的参与、创造和管理知识产权。政府承诺按 TRIPS 要求于 2005 年 1 月 1 日前在食品、药品等领域施行 TRIPS 要求的专利体制。全面引进专利制度，拟在所有技术领域引入产品专利保护制度。①

（二）印度政府促进中小企业技术创新政策

印度政府在产业、外贸、税收、文化和人才政策等方面充分体现知识产权导向，以促进印度知识经济的发展。加强自己优势产业上的知识产权保护（如软件开发、工程咨询、外包服务、生物技术、研发服务、教育培训以及医药等诸多领域）；运用贸易和技术壁垒以及贸易管制等政策保护民族工业发展；通过税收减让政策来推动企业的研发投入；采取推动生物多样性、传统知识、民间文学在国际范围的法律保护等积极的文化政策；给予海外印度归国人才或通过各种方式加强与印度当地企业研发合作的以充分的激励和优惠政策。②

印度主管中小企业的政府机构是微型和中小企业部。其主要职能是与各类组织和相关方面协商，为微型和中小企业制订政策、计划、项目和方案；监管项目（方案）执行情况，旨在促进微型和中小企业发展；与中央政府其他部门和邦领土区共同代表微型和中小企业部提出政策倡议。③

---

① 李志军：《印度的知识产权战略》，载张玉台主编《中国知识产权：战略转型与对策》，中国发展出版社 2008 年版，第241—252 页。

② 吴汉东主编：《中国应建立以知识产权为导向的公共政策体系》，《中国发展观察》2007 年第 5 期。

③ 工业和信息化部中小企业司编：《国外中小企业政策对比研究》，机械工业出版社2009 年版，第15 页。

印度微型和中小企业部（MSME）实施了"微小型企业集群发展项目"（MSE－CDP），采用产业集群化方法，面向印度的微型和小型企业的产业集群，主要是将提升全国微型、小型企业及其集合体的生产效率、竞争力和经营能力作为核心战略。另外，在分配资源以支持中长期发展、实现可持续发展方面，该集群发展项目促进了集约化的经济发展。印度微型和中小企业部在 250 个产业集聚区采取包括知识产权培训项目在内的支持和服务工作。①

（三）印度中小企业知识产权（建设）发展战略

在以谋求建设"知识大国"和建立"知识社会"为目标指向的过程中，印度政府实行重点赶超的科技战略，集中力量，谋求在一些重点领域实现突破。有利的创新环境大大激励着中小企业创新意识的提高，信息技术领域已取得辉煌成就，不但彻底改变了欧洲和美国对印度的评价和印象，而且正在培植着印度的科学自信。现在印度确立了以生物技术为重点的新的重点领域和发展方向，生物技术领域的研发投资不断增加，并取得了可观收益：2004—2005 年，印度的生物技术收入增加了37%，达到了 11 亿美元。印度生物技术部的下一步目标是要将印度变成"生物信息学的全球中心"。

在政府良好的知识产权保护制度下，印度的企业普遍重视提高产品质量和科技创新。以服务外包企业为例，大多数服务外包企业都形成了完善的质量检测体系。目前，有 300 多家软件和业务流程外包公司通过了 ISO9000 质量标准认证，有一百余家公司达到了 CMM5 等级认证。许多软件外包供应商以科技创新大幅削减软件产品的成本，质优价低也就成了印度服务外包产品畅销国外的重要原因之一。

目前，印度形成了由主要的知识产权法（如《电影法》、《版权法》、《商标法》、《专利法》、《电子商务支持法》等）、一系列的法规和规章（如《版权法条例》、《外观设计法条例》、《商品地理标志（注册与保护）法》等）和参加的国际条约（包括《巴黎公约》、《专利合作条约》、《伯尔尼公约》等）组成的知识产权保护法律体系。知识产

---

① 工业和信息化部中小企业司编：《国外中小企业政策对比研究》，机械工业出版社 2009 年版，第 120—121 页。

权的司法保护包括民事救济和刑事救济两种。印度知识产权管理机构主要有印度专利、设计及商标管理总局（CGPDTM）、印度版权局及版权委员会、知识产权申诉委员会和警察局。此外，印度中央政府和各邦政府也采取各种措施保护知识产权。还有一些知识产权组织成立的民间行业管理社团对知识产权予以保护，这样的民间组织有印度电影电视制作人版权管理协会（SCRIPT）、印度表演权协会（IPRS）等。

总括来说，印度对知识产权的保护是通过"立法作保障，司法、行政、民间三方积极互动、紧密配合"来实现的。

第二节 典型国家经验对我国促进中小企业知识产权建设的启示

我国中小企业已经成为社会主义市场经济的重要组成部分，在国民经济中发挥着不可替代的作用。中小企业要想在竞争中获胜，必须重视并开展知识产权建设，提高自主创新能力。换句话说，知识产权是中小企业在竞争中取胜的重要法宝。

而我国中小企业知识产权建设处于刚刚起步阶段，借鉴美国、日本、韩国、印度四国的成功经验，对我国中小企业突破成长瓶颈、规避成长风险，实现健康、持续发展意义重大。

一 开展知识产权建设是中小企业的自主和必然行为

（一）在企业内部宣传和普及知识产权知识，加强对员工知识产权教育和培训，不断提高员工知识产权意识

国外企业立足于先进的科技，注意将知识产权管理与自身的管理融为一体，它们清楚知识产权就是企业的生命线，因此，非常注重通过宣传和普及知识产权知识，加强对员工的教育和培训，而且采取有效措施，提高教育培训效果，提高员工的知识产权意识，尤其是提高对本企业知识产权的运用和保护的意识。例如，美国 IBM 公司、日本日立公司和佳能公司都力图让企业员工牢记，知识产权作为企业的经营资源，应当得到充分保护。富士通公司规定凡是新进员工都要接受专利入门教育，在公司工作3—5 年后，则要进一步接受专利教育。日立公司针对性质不同的各部门员

工开展了涉及专利法基础、知识产权案例解说、进修课程等不同内容的多元化的知识产权教育。① 国外也重视派企业高层知识产权管理人员到其他国家和地区的专门的知识产权研究部门进修学习。

（二）企业要根据自己的实际情况设置利于提高企业运作效率，能够实现企业知识产权收益最大化的知识产权管理机构，制订符合自身特色的知识产权制度

对中小企业来说，管理机构可以独立，也可以与本企业其他机构合并。无论机构大小，都要考虑到机构中要包含公司的技术开发人员、知识产权管理部门的技术人员、知识产权管理项目经理和知识产权管理主管。公司有些事务也可以委托知识产权服务机构来做。②

日本大部分中小企业内部设立了从事专利申请、商标设计以及商业秘密保护等工作的专门的知识产权管理机构。因规模小没有设立专门管理机构的企业，通过建立行业保护联盟，对侵害知识产权所属企业的行为采取联合抵抗，以此弥补了企业势单力薄的缺陷，使知识产权制度行业化、社会化。这被看成是更具广泛意义的企业知识产权管理范畴。③

企业应基于自身规模大小、行业特点和外界环境差别制订规章制度。科学的企业规章制度，既利于企业对已有技术的保护、管理和运用，又能激励新技术产生。企业对智力成果归属、科研人员激励与利益分配、有贡献人员奖励、企业商业秘密保护等方面都要在制度中有所体现，做到企业管理制度文件化、程序化和规范化。日本的三菱公司、富士通公司、美国的 IBM 公司等都是通过签约或者制订社规的办法明确知识产权归属问题的。④

（三）企业要根据不同时期国内、国际经济发展情况制订适合自己的能够保持企业竞争优势的知识产权战略

回顾发达国家或已经步入工业化国家的知识产权发展历程，不难看出，各个国家在工业化的最早期，知识产权保护并不是最主要的。随着

① 冯晓青：《企业知识产权战略》（第 3 版），知识产权出版社 2009 年版，第 481 页。
② 范晓波：《中国知识产权管理报告》，中国时代经济出版社 2009 年版，第 120 页。
③ 李志军主编：《美国的知识产权管理、政策及其经验》，《国际技术经济研究》2003 年第 3 期。
④ 范晓波主编：《中国知识产权管理报告》，中国时代经济出版社 2009 年版，第 119 页。

经济技术水平的不断发展，对国际技术转让的需求增大和本国市场的发展，知识产权保护问题随即提到议程。为适应不断发展的经济技术，各国的知识产权战略要不断做出动态调整。美国知识产权的构架、实施细则以及知识产权政策基于美国社会的经济政治和法律制度，并保持与不断发展的社会经济科技发展进程相一致。韩国在发展的不同阶段，对知识产权法律制度不断进行更新，使其达到国际水平。

美国的中小企业具有长远的战略视野，实施超前的知识产权扩张战略。囿于知识产权的国界性，为了让自己的产品进到他国市场，会提前很长时间就做好竞争的准备。比如，在中美建立外交关系之前的 20 世纪五六十年代，虽然当时美国的产品无法进入中国，但却看好了中国这个潜在的广阔市场，于是美国的一些企业家纷纷采用迂回策略，先到中立国瑞士注册公司，尔后以瑞士公司的名义在中国注册自己的商标，"RAYBON"（雷朋）、"博士伦"都属此种情况。随着中美邦交正常化以及中国实行改革开放，美国的一些企业亦随之进驻中国市场并不断壮大甚至发展成为今天的大企业。

不但重视商标战略，美国的中小企业更把专利战略视为企业发展战略和竞争战略的核心，并将其作为参与国际竞争的"利器"。美国企业既重视技术研究与开发，也高度重视获取专利权，尤其重视获取海外专利权。

由于各个企业所处的资源、环境、经营行业等方面有很大的差异，需要企业选择适合自己的与环境和资源匹配的知识产权战略。我国中小企业总体技术创新能力弱、专利数量和质量以及经济实力无法与发达国家跨国公司相比。需要中小企业在制定知识产权发展战略时设定近期和长远发展目标，实行分阶段战略。在短期内，中小企业知识产权战略可以着眼于引进发达国家先进的专利技术，进行吸收，再创新，形成大量外围专利产品，以防御其他国家在国际竞争中的进攻。长期目标应着眼于加大研发投入，通过与高校、科研院所合作等方式提高自主创新能力。[①]

（四）中小企业要加强知识产权合作或者形成知识产权联盟，提高知识产权管理水平和知识产权战略运用能力

中小企业与大企业、高校和科研院所建立各个研发层次的合作机

制，能够利用中介机构促进科研成果市场化转化，提高知识产权利用率。美国的中小企业通过与高校进行"产学研"合作来提高其技术水平和创新能力。采取多种形式、多渠道的方式开展产学研结合（例如，通过委托开发、合作研发、设立研发联合体、共建研发平台、共建博士后工作站、技术转让、技术咨询、技术服务、建立实习基地、开展培训服务等）。企业在与高校、科研机构进行全方位的合作中，明显地提高了自身的技术创新水平。

某些日本中小企业还与跨国公司结成知识产权联盟，共同控制市场。由于发展中国家拥有广阔的市场，市场开放度也日益加大，招致众多发达国家的跨国企业竞相参与竞争。鉴于日本科技型跨国企业在技术领域与竞争者还不具备比较优势，这些企业通过与竞争者合作，形成知识产权联盟，甚至将专利技术提升为技术标准，以此来共同控制发展中国家的市场。

二　政府要致力于营造有利于中小企业知识产权建设的外部环境

（一）建立有利于中小企业知识产权保护和建设的行政管理体系

美国的知识产权法律体系比较完善，在其框架内，立法、行政、司法部门、行政部门和非政府部门（包括企业）各司其职、互相协作，形成了一套适合美国国情、专业化程度很高的知识产权管理组织体系。①

（二）政府要充分发挥在制定和实施知识产权政策方面的职能，形成以知识产权为导向的公共政策体系

充分行使法律赋予的权利，恰当运用知识产权与国际贸易规则来保护本国企业的利益，不断提高本国企业的国际竞争优势，是政府的一个重要职能。如在美国，政府不断架构保护本国的法律基础，长期积累并有效运用知识产权使自己取得战略优势。日本政府在各界达成共识的基础上制定知识产权战略大纲，把知识产权战略作为提高国家产业竞争力和重振日本经济的立国战略，政府不单代表国家依法审查授予知识产权，还要负责研究知识产权政策，协调与中介机构和司法部门、产业组织、行业组织等非政府组织的关系，充分发挥各方在促进中小企业知识

---

① 范晓波主编：《中国知识产权管理报告》，中国时代经济出版社 2009 年版，第 58 页。

产权战略中的政策、制度、法规、规范等的作用，使知识产权政策有利于保护权利人利益。

借鉴印度等一些国家的成功做法，重视传统知识、传统资源的保护。在产业政策方面促进自己优势产业的发展；在外贸政策方面，保护民族工业的发展；在税收政策方面，政府通过税收减让等政策来推动企业加大对研发费用的投入力度、鼓励科技创新。美国、日本等发达国家的中小企业经历了长期发展和积累，技术水平总体非常高。这些国家的政府和企业都非常重视科技创新的投入，科技进步因素在推动发达国家国民经济增长中的比重逐年在增长。对后发国家而言，要创新就要不断加快技术进步和加强创新管理；在文化政策方面，维护本国的多样性文化，积极推动民间文学、传统知识、生物多样性在国际范围内的法律保护。并采取各种激励方式培养和集聚人才，形成专业人才向企业聚集的良好态势。

（三）加强知识产权教育培训工作，提高全体公民知识产权意识

发达国家普遍重视提高全社会的知识产权意识和加强对公民的知识产权教育、培训，全民主动参与也就成了发达国家在知识产权保护方面的共同特点。全社会知识产权意识的提高有助于自觉抵制侵权行为发生。而且政府也注意引导企业提高用法律来保护自己防范他人的意识。政府对知识产权保护态度坚决与否，直接影响公众尊重和保护知识产权的程度。在美国，警察从发现违法活动到主动出击再到最终处罚的速度之快、效率之高，反映了美国政府对知识产权保护的坚决果断态度。

在日本，知识产权保护得到政府、大学、企业和民间机构等政府间组织和非政府组织的普遍认同和接受，这种行为超出了企业和个人，成为全社会的行动。在对外贸易中，政府通过涉外部门进行交涉，以保护自己的知识产权；在企业内部，大多数企业都设有完备的知识产权管理部门和制度，与知识产权相关的业务有专人负责；行业协会、中介组织等一些集体组织能够积极参与知识产权事业相关的事务，并且献言献策，成为沟通知识产权管理机关、知识产权管理人和社会公众的桥梁。①

印度政府十分重视人才的培养和派送，拥有庞大的人才库，印度的

---

① 张玉台：《中国知识产权：战略转型与对策》，中国发展出版社 2008 年版，第 278 页。

大学为印度培养了大量人才。据麦肯锡公司统计数据显示，年轻的印度
大学毕业生数量相当于中国的 1.5 倍、美国的 2 倍。印度每年高达 250
万的信息技术、工程和生命科学等领域的毕业生中，研究生和博士生约
有四分之一左右。被誉为培育了"知识炸药桶"环境的印度理工学院
在印度科技崛起中扮演着非常重要的角色。相应的，企业知识产权意识
不断提高，科技研发投入不断增加。①

（四）搭建信息平台，为中小企业提供专利文献信息检索服务

随着技术不断向综合化方向发展，知识的专业化程度越来越高，技
术的复杂性大大增加，企业（即使是那些拥有非常多技术资源的大企
业）只能发展有限范围的核心竞争力。为此，需要政府密切跟踪外部技
术发展动态，搭建和不断完善知识产权信息平台，为企业提供准确及时
的国内外各种知识产权信息，使企业降低成本、减少风险、防范他人、
保护自己，促进中小企业知识产权风险防范和预警机制的构建。韩国政
府从 1999 年开始实施知识产权行政管理全面创新计划。目前，韩国知
识产权局已具备世界一流的信息技术系统和审查工作效率，全面实现了
知识产权行政管理的自动化、网络化，提高了知识产权行政管理的质量
和效率。这方面的经验值得我们借鉴。

（五）鼓励知识产权合作

政府要在大学、科研院所、企业之间架起一座有效沟通和合作的桥
梁，不断加强知识产权合作，促进产学研结合，提高科技成果的转化速
度，促进科技成果的推广和应用，真正推动科技成果的商品化和产业化，
提高科技成果的实施率。美国政府鼓励小企业与小企业之间进行联盟，引
导小企业与大企业进行合作，甚至从属或依附于大企业，在资金、设备、
技术、管理等方面得到大企业的支持。小企业也热衷于与其他机构，特别
是与消费者形成联盟，并以此来促进新技术和新产品商业化。美国政府还
鼓励小企业与大学以及科研机构形成合作机制，小企业的加盟对合作研究
产生了激励作用，因此，也就使许多项目提高了研究效率。

---

① 朱榄叶：《印度知识产权发展启示录》，《中国高新区》2008 年第 2 期。

第六章

中小企业知识产权（建设）政策体系
概念界定与我国相关政策概述

第一节　中小企业知识产权（建设）政策
体系概念界定

一　政策及中小企业政策

（一）政策

"政策"一词是一个舶来品，在辞源上找不到对它的注释，但在《史记》中可以找到相同词意的词语，如"典、诏、令"等。如今，"政策"一词被广泛运用于社会生产、生活等各个领域，具有公共属性。但对"政策"一语的解释，目前中外学者依然莫衷一是。

国外学者分别从政治学、哲学、法学、生态学等视角对政策进行分析，强调政策是"价值分配"、"法律法规"、"活动过程"等。具有代表性的观点有：

美国学者威尔逊强调公共政策是由具有立法权的政治家制定出来的由公共行政人员所执行的法律和法规。美籍加拿大学者伊斯顿强调："公共政策是对全社会的价值做有权威的分配"。[1] 美国学者拉斯维尔（H. D. Lasswell）认为：政策是"一种含有目标、价值与策略的大型计划"。詹姆斯·安德森强调公共政策制定者是政府机关或政府官员，认为制定政策的活动是"一个有目的的活动过程，而这些活动是由一个或

---

① 王经洲：《当代中国弱势群体在公共政策制定中的利益表达渠道与利益采纳机制研究》，硕士学位论文，西北大学，2005 年，第 7 页。

一批行为者，为处理某一问题或有关事务而采取的。"①

　　英国学者罗斯韦尔强调了创新政策，他认为创新政策是指科技政策和产业政策协调的结合。它是一个整合的概念。而弗里德里奇强调：公共政策是在某一特定的环境下，个人、团体或政府有计划的活动过程，指明提出政策的用意就是利用时机、克服障碍，以实现某个既定的目标，或达到某种目的。艾斯顿则认为：公共政策是"政府机构和它周围环境之间的关系"。

　　我国学者也对政策作出了阐释：

　　孙光在他的《政策科学》中认为："政策是国家和政党为实现一定的总目标而确定的行动准则，它表现为对人们的利益进行分配和调节的政治措施和复杂过程。"王福生在他的《政策学研究》中认为：政策可以解释为"人们为实现某一目标而确定的行为准则和谋略"，"简言之，政策就是治党治国的规划和方略"。刘斌在《中国宏观政策研究》中认为："政策是政党或其他社会政治集团为实现一定时期的任务而规定的政治行为"。陈振明等认为，政策是国家机关、政党及其他特定政治团体在特定时期为实现一定社会政治、经济和文化目标所采取的政治行为或规定的行为准则，它是一系列谋略、法令、措施、办法、条例等的总称。

　　王育民把政策表述为：政党、政府或其他特定政治团体在特定时期内维护自己的政治主张和社会经济文化利益的基础上，为解决发展中的矛盾和问题，完成一定历史时期的任务而制定的行为准则。它表现在政党和政府及其特定政治团体的会议报告、法律法令、国家计划、决定决议、办法条例及通告指示等公文中。娄成武、魏淑艳认为"公共政策是党和国家在处理公共领域内的公共事务时所制定的行为规范、准则或指南。在我国当然就包括一系列的命令、指示、通知、条例、规定等"。

　　我国台湾学者伍启元认为："公共政策是政府所采取对公私行动的指引。"我国台湾学者林水波、张世贤认为，公共政策是指"政府选择作为或不作为的行为。"

---

　　① 高桂芬：《教育公平背景下的高校招生政策研究》，硕士学位论文，首都师范大学，2008年，第12页。

我国对政策的通用定义是：政策是国家或政党为实现一定历史时期的路线而制定的行动准则。

从上述中外学者种种表述中可以看出，学者们虽然对政策的理解各异，但都从不同的视角体现了政策的本质和特征。归纳起来，包括以下方面：

第一，政策主体具有特定性。任何政策都有主体，但主体具有特殊约定。一般而言，政府和其他国家权威机构、政党及其他具有法定权威性的公共部门都可以成为政策主体。因此，在中国的政治体制范围内，政府和政党的文件都属政策范畴。政策首先是政策主体意志和价值观的体现，在一定条件下也可能是公共意志的体现。

第二，政策不能简单理解为符号特征，它是一个行为过程，是一系列具有可操作性的活动，受时间、制度（文化等）、资源等约束。

第三，从政策的功能来看，它体现着非私人物品（价值）的权威性分配方案，这种分配方案依靠私人部门不可能完成，而且这种分配要服从于某种经济、政治、文化和社会目标。

（二）中小企业政策

根据国内外学者对公共政策的定义及其理解，我们可以将中小企业政策定义为：一国政府或地区公共权力部门根据本国或本地区中小企业发展的实际情况，制定一系列旨在促进中小企业发展、提高中小企业竞争力、充分发挥中小企业推动国民经济和社会发展功能的一系列方针、法令、措施、条例的总称，[①] 具体包括法律、金融、产业、税收、技术支持、服务等政策。

一个国家或地区中小企业政策的制定与施行受该区域外部环境、自然资源、经济发展水平和资源配置方式、政策制定者素质等主客观因素的影响，因此，不同国家、不同地区制定的中小企业政策会各有侧重，甚至有很大的差异，而且会根据不同发展阶段发展情况变化而有所调整。

二　中小企业知识产权（建设）政策

根据上述对政策和中小企业政策的分析，我们可以将中小企业知识

---

① 袁红林：《完善中小企业政策支持体系研究》，东北财经大学出版社 2010 年版，第37 页。

产权（建设）政策理解为：中小企业知识产权政策是指一国政府或地区公共权力部门根据本国或本地区中小企业在发明专利、商标、工业版权以及商业秘密、技术秘密等自身的智力成果方面发展的实际情况，制定旨在引导、激励、保护、协调和规范中小企业知识产权建设主体及其他相关主体行为、提高中小企业知识产权建设（创造、运营、保护、管理等）能力、促进中小企业知识产权发展的一系列政令措施的总和。

中小企业知识产权政策，按照拟出台政策的数量及政策条款内容，又可以划分为单项政策和综合型政策；按照政策对象的所在行业及空间，又可以划分为行业政策和区域政策；按照政策对象规模类别，又可以划分为中型企业知识产权政策和小型（微型）企业知识产权政策等。

值得指出的是，除非有特殊说明，本书所涉及的中小企业知识产权建设政策（体系），就是指中小企业知识产权政策（体系）。

三　中小企业知识产权（建设）政策体系

中小企业知识产权政策体系，则是指由若干中小企业知识产权政策及政策要素所构成的有机整体，是政府或地区公共权力部门为了促进中小企业知识产权建设（创造、运营、保护和管理）而制定的系列配套的权威性条款的总和。

中小企业知识产权政策体系，主要强调如下几方面的重要思想：

一是强调"体系"。既然是体系，就意味着构成"体系"的多个政策之间，以及政策各构成要素（政策目标、政策内容、政策工具和政策过程）之间存在着必然的有机联系，而不是简单的拼凑。

二是在强调政策目标（促进中小企业知识产权建设能力的提高并促进中小企业知识产权发展）的同时，也强调了这一政策体系的价值或功能（引导、激励、保护、协调等）。

三是在价值或功能中，除了强调正面促进外，还强调了要规范主体行为，即要对中小企业知识产权建设中的某些行为进行必要的干预和限制，这一点在推进我国社会主义市场经济体制的逐步完善过程中显得尤为重要。

四是强调中小企业知识产权政策的作用对象：不仅包括中小企业知识产权建设行为，也包括与中小企业密切相关的其他主体的行为。

五是强调中小企业知识产权建设政策不仅指显现的政策本身，还指与政策目标有关的影响"建设"活动效率的相关制度保障，诸如法律、法规等。

六是强调中小企业知识产权政策是各种相关政策和措施的"总和"，即政策体系是以中小企业知识产权建设活动为对象构建的，凡是涉及此项活动的各种政策措施都应纳入这个体系之中，并要有相对的独立性，同时也应处理好与其他政策的关系。

第二节　我国中小企业知识产权建设相关政策概述

通过政策来促进中小企业知识产权建设是世界上发达国家政府的通行做法。而我国至今还没有专门的、独立的中小企业知识产权政策。但是，令人可喜的是，"企业知识产权政策"、"中小企业政策"的提法却越来越多，某些知识产权政策（条款）也散见于某些政策之中。下面，通过对"我国中小企业知识产权建设相关政策的沿革"和"我国知识产权政策存在的问题"的分析，或许能够帮助我们厘清一下思路，坚定构建面向未来的中小企业知识产权政策体系的信念。

一　我国中小企业知识产权建设相关政策的沿革

（一）知识产权法律体系

改革开放以前，受计划经济影响，我国中小企业政策是以"单一公有制"为特征的。

高度集中计划经济体制下，企业为政府的附属物，绝大多数科技资源和科技成果归国家控制，国家还没有建立起知识产权制度，企业知识产权和中小企业知识产权政策更是无从谈起。当时我国在国内知识产权方面除了 1963 年的《商标管理条例》之外，在专利、版权和其他方面均无立法。[①] 当时我国在商标方面虽然与国外有一些交往，但合作的规模不大、涉及范围不宽、层次不深。但在 1973 年 11 月，时任中国国际

---

① 吴群：《商标国际条约在中国实施二十年》，见刘春田主编《中国知识产权二十年（1978—1998）》，专利文献出版社 1998 年版，第 160 页。

贸易促进委员会法律事务部主任的任建新同志率领中国代表团出席了在瑞士日内瓦召开的世界知识产权组织领导机构会议时，中国代表团的出现引起了世界知识产权组织的关注，此次是中国代表团第一次参加该组织的会议，在中国知识产权历史上起着极其重要的作用。①

改革开放后，我国知识产权法律制度逐渐完备，参加国际条约（公约）众多，授予专利、商标和版权数量日益攀升，对知识产权保护力度不断加大。

其一，商标立法方面。1979 年 6 月国家工商行政管理局决定成立《商标法》起草小组。经过反复征求意见、讨论、深入论证，1982 年 8 月 23 日，第五届全国人大常委会第 24 次会议审议通过了《商标法》（本法于 1993 年 2 月 22 日进行了修改。但与 TRIPS 协议有一定差距，为此，2001 年 10 月 27 日，第九届全国人大常委会第二十四次会议作了第二次修改。2013 年 8 月 30 日，第十二届全国人大常委会作了第三次修改），叶剑英委员长于同日以第十号令向全国公布，并决定 1983 年 3 月 1 日起施行。《商法标》的颁布实施，开辟了我国知识产权立法的先河，成为我国商标法律体系的奠基石和商标事业的重要里程碑。② 在 20 世纪 80 年代初期至 90 年代中期的 10 多年间，我国先后参加了 5 个由世界知识产权组织管辖的与商标有关的多边国际条约，即 1980 年参加的《建立世界知识产权组织公约》、1985 年加入的《保护工业产权巴黎公约》、1989 年加入的《商标国际注册马德里协定》、1994 年参加的《商标注册用商品和服务国际分类尼斯协定》、1995 年加入的《商标国际注册马德里协定》有关议定书。以上表明，我国已基本形成比较完善的商标法律和管理体系。1995 年 12 月 22 日发布《企业商标管理若干规定》，加强了对企业商标的管理工作。

其二，专利立法方面。改革开放后一直到 1984 年 3 月我国颁布专利法之前这段时间内，我国始终存在着焦点主要集中于中国建立专利制度的利弊和建立什么样的专利制度的激烈争论，邓小平同志果断地打破

---

① 吴群：《商标国际条约在中国实施二十年》，见刘春田主编《中国知识产权二十年（1978—1998）》，专利文献出版社 1998 年版，第 154 页。

② 刘佩智：《在改革开放中蓬勃发展的中国商标事业》，载刘春田主编《中国知识产权二十年（1978—1998）》，专利文献出版社 1998 年版，第 125—128 页。

僵局，作出"中国需要建立专利制度"的指示，迈出了中国建立知识产权制度的关键一步。① 1984 年 3 月 12 日，第六届全国人大常委会第四次会议通过了《专利法》（1992 年 9 月 4 日进行了修改，扩大了专利保护范围，延长了专利保护期限。随着体制改革不断深化、对外开放逐步扩大，2000 年 8 月 25 日，第九届全国人大常委会第十七次会议对专利法作了第二次修改。2008 年 12 月 27 日，第十一届全国人大常委会第六次会议作了第三次修正）。以后我国陆续加入了与专利有关的国际条约。如《专利合作条约》（PCT）（1993 年 1 月 1 日）、《国际承认用于专利程序微生物保藏布达佩斯条约》（1995 年 4 月 19 日）和《国际专利分类条约》（IPC）（1994 年 7 月 19 日），这时，我国已在《与贸易有关的知识产权协议》（TRIPS）上签了字。②

其三，著作权立法方面。1985 年国务院成立了国家版权局。1990 年 9 月 7 日，第七届全国人大常委会第十五次会议通过了《著作权法》（2001 年 10 月 27 日，第九届全国人大常委会第二十四次会议对本法作了修改），国家版权局于 1991 年 5 月 3 日公布了《著作权法实施条例》，1991 年 6 月，国务院批准了《计算机软件保护条例》，这三部法律、法规的颁布与实施，标志着中国确立了版权制度，揭开了历史性的新篇章。尔后我们也加入了一些与版权有关的国际条约，如 1992 年 10 月 15 日和 30 日起，中国分别成为《保护文学和艺术作品伯尔尼公约》和《世界版权公约》的成员国，1993 年 4 月 30 日，我国成为《保护录音制品制作者防止未经许可复制其录音制品公约》的成员国。至此，我国基本上实现了涉外著作权关系正常化。③

此外，1993 年 9 月 2 日，第八届全国人大常委会第三次会议审议并通过了《反不正当竞争法》。

目前，我国知识产权保护的法律法规体系不断趋于完善，已形成了行政和司法保护并行运作，由包括国家知识产权局、国家工商行政管理

---

① 任建新：《回顾中国知识产权制度的建立》，载刘春田主编《中国知识产权二十年（1978—1998）》，专利文献出版社 1998 年版，第 22—25 页。

② 文希凯：《对我国专利立法的回顾与思考》，载刘春田主编《中国知识产权二十年（1978—1998）》，专利文献出版社 1998 年版，第 120 页。

③ 沈仁干：《有关中国著作权法制定的回顾》，载刘春田主编《中国知识产权二十年（1978—1998）》，专利文献出版社 1998 年版，第 49 页。

总局、国家新闻出版广电总局、国家版权局等多个部门分别履行知识产权保护职能的知识产权保护模式。正如国家知识产权局局长田力普所说：改革开放30多年来，我国成功探索出了一条中国特色知识产权事业发展之路，建立了比较健全的、遍及全国的知识产权管理体系和具有鲜明中国特色的知识产权执法保护体系，全社会的知识产权意识不断增强，知识产权创造能力显著提高，广泛运用了知识产权成果，知识产权与经济社会发展的联系愈加密切。①

上述这些法律法规中有很多涉及企业知识产权的规定，这为中小企业知识产权政策体系的构建奠定了坚实基础。

（二）中小企业政策沿革

从新中国成立到现在，我国中小企业政策的发展经历了一个由单一到全面、由分散到集中的过程。中小企业独立的政策体系也经历了一个从无到有、由不明晰到逐渐明晰、由不太科学到相对科学的沿革过程。

我国中小企业政策在改革开放前以"单一公有制"为典型特征；从1978—1984年以"分户口"和"所有制等级序列"为特征；1984—1995年的典型特征是"重大轻小"，以党的十二届三中全会（1984年10月）通过的《关于经济体制改革的决定》提出的"经济体制改革的中心环节是增强国有企业，特别是全民所有制大中型企业的活力"为标志；1995年到现在，我国统一整体的中小企业政策产生。1995年9月，党的十四届五中全会通过的《中共中央关于制定国民经济和社会发展"九五"计划和2010年远景目标的建议》提出了"抓大放小"，国企改革政策进入了一个新的转折期。中小企业政策指导性刊物《中国中小企业》于1994年正式创刊。1998年末国家经济贸易委员会成立了中小企业司，专门负责中小企业改革与发展政策，中小企业的地位得到了空前重视。1999年初，第九届人大第二次会议和《政府工作报告》明确要"加强对中小企业扶持力度"，"支持科技型中小企业的发展"。尽管内容不详尽，但能够清楚表明我国统一整体的中小企业政策开始崭露头角。2000年7月6日，由原国家经贸委主持制定、由国务院发布的《关于鼓励和促进中小企业发展的若干政策意见》正式出台，首次打破

①　田力普：《发展知识产权事业促进经济社会发展》，《求是》2011年第1期。

了我国五十余年中小企业发展史上的所有制、地域和行业的界限，为中小企业营造了一个公平竞争的市场、社会和法律环境。而且该政策意见明确规定："本意见适合于各类中小企业。"①

（三）中小企业相关法律法规

新中国成立以后，中央到地方政府颁布了大量有关企业的法律、法规。从宪法、法律、行政法规到地方性法规，法律体系比较完备。虽然大部分政策法规不是专门针对中小企业制定的，但基本上适用于中小企业。我国目前中小企业的相关政策法规主要有：

1. 促进中小企业发展的法律体系

由第九届全国人大常委会第二十八次会议于 2002 年 6 月 29 日通过，自 2003 年 1 月 1 日起施行的《中小企业促进法》，是我国中小企业发展史上的一个里程碑——标志着我国对中小企业加强扶持、指导和服务步入了法制化轨道。在此前后，我国陆续在财政税收、资金支持、技术创新、市场开拓、服务体系等方面出台了一系列政策法规。

其一，税收减免的法律政策。涉及小企业所得税的有《企业所得税法》（2008 年 1 月 1 日起施行）、《财政部、税务总局企业所得税若干政策问题的规定》（财税〔1994〕9 号）、《财政部、国家税务总局关于贯彻国务院有关完善小规模商业企业增值税政策的决定的通知》（财税字〔1998〕113 号）；鼓励城市就业的税收政策有经国务院同意由财政部、国家税务总局下发的《关于下岗失业人员再就业有关税收政策问题的通知》；有关高新技术企业税收政策的有《财政部、税务总局关于企业所得税若干优惠政策的通知》（财税〔1994〕1 号）和《企业所得税法》（2008 年）；有关信息担保、再担保税收政策的有国家税务总局发布的《关于中小企业信用担保、再担保免征营业税的通知》（国税发〔2001〕37 号）。

其二，财政支持方面的法律政策。1999 年，国务院办公厅转发了科技部、财政部《关于科技型中小企业技术创新基金的暂行规定》（国办发〔1999〕47 号）决定设立"科技型中小创新基金"；财政部会同国家发改委联合颁布了《中小企业发展专项资金管理办法》（2006 年 9

---

① 万兴亚：《中小企业技术创新与政府政策》，人民出版社 2001 年版，第 249—255 页。

月），财政部和原外经贸部联合制定了《中小企业国际市场开拓资金管理（试行）办法》（财企〔2000〕467 号）。

其三，金融信贷的法律政策。从 1998 年开始，中国人民银行先后出台了为改善中小企业经营环境提供资金支持的 4 个文件，分别是：《关于进一步改善中小企业金融服务的意见》（银发〔1998〕278 号）、《关于扩大对小企业贷款利率浮动幅度的通知》（银发〔1998〕502号）、《关于加强和改进对中小企业金融服务的指导意见》（银发〔1999〕379 号）和《关于进一步加强对有市场、有效益、有信用中小企业信贷支持的指导意见》（银发〔2002〕224 号）。为中小企业提供信用担保方面的有：《关于建立中小企业信用担保体系试点的指导意见》（国经贸中小企〔1999〕540 号）、《关于中小企业信用担保机构、再担保机构免征营业税的通知》（国税发〔2001〕37 号）、《中小企业融资担保机构风险管理暂行办法》（财金〔2001〕77 号）和 2004 年 2月国家发改委和国家税务总局联合下发的《关于继续做好中小企业信用担保机构免征营业税有关问题的通知》。①

其四，技术创新、技术支持方面。这一方面的法律政策有《技术合同法》（1986 年 4 月）、《标准化法》（1988 年 12 月）、《环境保护法》（1989 年 12 月）、《科学技术进步法》（1993 年 7 月）、《农业技术推广法》（1993 年 7 月）、《促进科技成果转化法》（1996 年 5 月）、《中共中央、国务院关于加强技术创新，发展高科技，实现产业化的决定》（1999 年 8 月）、2006 年 1 月 26 日《中共中央、国务院关于实施科技规划纲要增强自主创新能力的决定》（中发〔2006〕4 号）、《国务院关于进一步促进中小企业发展的若干意见（国发〔2009〕36 号）》（2009 年9 月 19 日）、国务院发布的《国家中长期科学和技术发展规划纲要（2006—2020 年）》。②

其五，规范中小企业经营的法律政策。如 1999 年 3 月原国经贸委印发的《关于加强中小企业管理人员培训的意见》（国经贸培训

---

① 袁红林：《完善中小企业政策支持体系研究》，东北财经大学出版社 2010 年版，第137—142 页。

② 中华人民共和国国务院：《国家中长期科学和技术发展规划纲要（2006—2020 年）》，http://www.gov.cn/jrzg/2006 - 02/09/content_ 183787.htm。

〔1999〕186 号）、2000 年 4 月原国家经贸委下发的《关于培育中小企业社会化服务体系若干问题的意见》（国经贸中小企〔2000〕372 号）、2001 年 4 月原国家经贸委等十部委联合制定出台的《关于加强中小企业信用管理工作的若干意见》（国经贸中小企〔2001〕358 号）和 2001 年 3 月原国家经贸委和国家质监局联合出台的《关于加强中小企业质量工作的意见》（国经贸中小企〔2001〕290 号）。

其六，中小企业综合性法律政策。如《关于鼓励和促进中小企业发展的若干政策意见》（国办发〔2000〕59 号），这是我国第一个促进中小企业发展的综合性政策文件。2005 年 2 月 19 日，国务院发布《关于鼓励支持和引导个体私营等非公有制经济发展的若干意见》（国发〔2005〕3 号）①，这是新中国成立以来首部以促进非公有制经济发展为主题的中央政府文件，因文件内容共 36 条，这份文件通常被简称为"非公 36 条"。

2. 保障中小企业发展的法律法规

涉及中小企业主体、中小企业市场交易和与竞争有关的法律政策都可以归类到法律保障范畴。如有关中小企业主体的有《全民所有制工业企业法》、《城镇集体所有制企业条例》、《乡村集体所有制企业条例》、《城乡个体工商户管理暂行条例》、《私营企业暂行条例》、《中外合资经营企业法》、《外资企业法》、《中外合作经营企业法》、《个人独资法》、《合伙企业法》、《公司法》。与中小企业市场交易相关的有《合同法》、《担保法》、《专利法》及其实施条例、《商标法》及其实施条例、《专利代理管理办法》、《专利费用减缓办法》等。规范竞争的有《反不正当竞争法》、《招标投标法》、《反倾销条例》、《反补贴条例》和《保障措施条例》等。

3. 涉及中小企业知识产权的法律政策

2005 年的"非公 36 条"规定了相关中小企业在财税金融、社会服务和科技创新等方面的支持和扶持政策，而且支持发展非公有制高新技术企业，鼓励其加大科技创新和新产品开发力度，努力提高自主创新能

---

① 国务院办公厅：《国务院关于鼓励支持和引导个体私营等非公有制经济发展的若干意见》，http://www.gov.cn/zwgk/2005 - 08/12/content_ 21691. htm。

力，形成自主知识产权。

国家知识产权局于 2007 年印发了《关于加强知识产权保护和行政执法工作的指导意见》，先后出台了一系列措施，如印发了《关于开展知识产权维权援助工作的指导意见》，出台了《"雷雨""天网"知识产权执法专项行动方案》。十七大报告也明确提出要实施知识产权战略，提高自主创新能力。

2008 年 6 月 5 日，国务院印发《国家知识产权战略纲要》（国发〔2008〕18 号），《国家知识产权战略纲要》（以下简称《纲要》）是正式启动实施中国知识产权战略的标志。知识产权战略是我国运用知识产权制度促进经济社会全面发展的重要国家战略，《纲要》是今后较长一段时期内指导我国知识产权事业发展的纲领性文件。

2009 年 9 月 19 日，国务院颁布《国务院关于进一步促进中小企业发展的若干意见（国发〔2009〕36 号）》，提出要加快中小企业技术进步和结构调整。支持中小企业提高技术创新能力和产品质量。支持中小企业加大研发投入，开发先进适用的技术、工艺和设备，研制适销对路的新产品，提高产品质量。加强知识产权保护，在重点行业推进品牌建设，引导和支持中小企业创建自主品牌。支持传统优势中小企业（如中华老字号等）申请商标注册，保护商标专用权，鼓励挖掘、保护、改造民间特色传统工艺，提升特色产业。①

2009 年 12 月 31 日，国家知识产权局、工业和信息化部发布《关于实施中小企业知识产权战略推进工程的通知》（国知发管字〔2009〕238 号）②，指出，为落实《国务院关于进一步促进中小企业发展的若干意见》（国发〔2009〕36 号），促进中小企业技术进步和结构调整的重要工作，全面提升中小企业知识产权能力和水平，加快培育我国拥有自主知识产权、知名品牌和核心竞争力的中小企业，国家知识产权局、工业和信息化部共同实施中小企业知识产权战略推进工程，并发布了《中小企业知识产权战略推进工程实施方案》。

---

① 中小企业管理与科技：《国务院关于进一步促进中小企业发展的若干意见》，《中小企业管理与科技》2011 年第 5 期。

② 国家知识产权局、工业和信息化部：《关于实施中小企业知识产权战略推进工程的通知》，http://news.9ask.cn/fagui/jingjifa/201005/698699.html。

2010年5月7日国务院发布的《国务院关于鼓励和引导民间投资健康发展的若干意见》（国发〔2010〕13号）（被称为"民间投资新36条"）规定了要"鼓励民营企业增加研发投入，提高自主创新能力，掌握拥有自主知识产权的核心技术。帮助民营企业建立工程技术研究中心、技术开发中心，增加技术储备，搞好技术人才培训。支持民营企业参与国家重大科技计划项目和技术攻关，不断提高企业技术水平和研发能力。""积极推动信息服务外包、知识产权、技术转移和成果转化等高技术服务领域的市场竞争，支持民营企业开展技术服务活动。""支持民营企业在研发、生产、营销等方面开展国际化经营……加快培育跨国企业和国际知名品牌。支持民营企业之间、民营企业与国有企业之间组成联合体，发挥各自优势，共同开展多种形式的境外投资"。

2010年11月11日，国家知识产权局向社会发布的《全国专利事业发展战略（2011—2020年）》① 强调了"深入开展企事业单位试点示范工作、实施中小企业知识产权战略推进工程、实施知识产权优势企业培育工程，提高企事业单位运用专利制度的能力。通过专利托管、引优扶强等措施，促进优秀专利服务机构为中小企业提供公益服务，为优势企业提供个性化服务。"国家知识产权局副局长甘绍宁表示，在《国家知识产权战略纲要》框架内，《全国专利事业发展战略（2011—2020年）》为中国专利事业发展量身打造，其颁布实施是中国专利发展史上一个新的里程碑。

2011年5月23日，国家知识产权局印发《专利审查工作"十二五"规划（2011—2015年）》②，强调"通过企事业单位试点示范工作、中小企业知识产权战略推进工程、知识产权优势企业培育工程，提高企事业单位运用专利制度和专利资源的能力。通过专利托管等形式，促进专利中介服务机构为中小企业提供服务"；并将"具有一定竞争力的科技型中小企业"作为知识产权优势企业培育工程的重点培育对象之一。

2011年10月，国家知识产权局、国家发展和改革委员会、科技

---

① 国家知识产权局：《全国专利事业发展战略（2011—2020年）》，http：//www. sipo. gov. cn/ztzl/ndcs/zscqxcz/2011ipweek/tpstr2011/201104/t20110419_598974. htm。

② 中华人民共和国国家知识产权局：《专利审查工作"十二五"规划（2011—2015年）》，http：//www. sipo. gov. cn/gk/gzyd/201203/t20120319_654555. html。

部、工业和信息化部、农业部、商务部、国家工商行政管理总局、国家质量监督检验检疫总局、国家版权局和国家林业局等十部委共同编制并发布了《国家知识产权事业发展"十二五"规划》,① 将健全知识产权政策体系和积极推进企业实施知识产权战略、加强面向中小企业知识产权政策引导和信息服务分别作为重点任务之一。

上述近年来国家各相关部门颁布的一系列法律法规政策,足以说明国家越来越关注中小企业在国民经济中的重要地位,越来越重视营造有利于中小企业健康发展的宏观环境,越来越重视中小企业自主创新能力的提高和自主知识产权的形成。唯有如此,才能提高中小企业的竞争力,只有占99%以上的中小企业自主创新能力的提高,才是国家创新能力真正的提高;只有占99%以上的中小企业的竞争优势的增强,才是国家整体竞争优势的增强。

二 我国知识产权政策存在的主要问题

世界各国政府都在不断努力提高自主创新能力、提高自主知识产权来提高自己的竞争优势,以有效应对日趋激烈的国际经济和科技竞争。我国政府也做了更多积极努力,以缩小与西方发达国家的差距,谋求我国由"知识产权大国"向"知识产权强国"迈进。我们步入了知识产权发展"快车道",用改革开放后几十年的时间走了西方国家几百年所走的路程,建立起了立足国情又不违背国际规则的知识产权法律法规体系,知识产权管理体系比较健全,建立了与国际接轨甚至有些规定高于国际规则保护水平的知识产权执法保护体系,2008 年我国提出"到2020 年,把我国建设成为知识产权创造、运用、保护和管理水平较高的国家"的目标,但我国还没有形成一个顺应经济社会发展需要、与现行知识产权制度相协调的全面的、系统的、科学的知识产权公共政策体系。

（一）政策的制定缺乏全面性、系统性

我国建立的与国际接轨、比较完整的知识产权法律体系与非法律形

---

① 国家知识产权局、国家发展和改革委员会等十部委:《国家知识产权事业发展"十二五"规划》, http://www.gov.cn/jrzg/2011 – 10/14/content_ 1970050. htm。

态的知识产权公共政策并没有同步，法律体系建立的速度相对较快，而非法律形态的知识产权公共政策发展比较缓慢，尤其是我国知识产权的行政政策相对有些滞后。例如，我们制定了《专利法》及其实施细则，并且根据客观发展需要几经修改，使其相对比较完善。《专利法》中有一些有关促进专利的创造、保护、运用和管理的原则性条款和规定，但没有相应地建立起能够有效贯彻落实这些上位条款和规定的政策体系。①

再如，按照新的《企业所得税法》，低税率优惠政策仅限于那些已经研制开发出新产品、新技术、新工艺并实现成果转让取得收入的企业，这样高新区的高新技术企业很多能享受此优惠，而对那些正处于研究开发与成果转化阶段而又投入很大的科技型企业则缺少应有的税收激励措施，科技型中小企业的投资压力和风险依然很大。政策与法律规范相比，更具有灵活性，而法律具有相对稳定性的特点，有相对较长的制定和施行周期，需要政策对法律的制定与执行发挥导向作用，因为政策所调整的社会关系的范围更为广泛。当一国有效竞争政策体制能够成为本国知识产权制度的有益补充时，本国的知识产权制度就能达到预期的目标。而我国知识产权公共政策现实情况则是"强法律，弱政策"，这种局面亟须改善！

另外，尽管我国知识产权法律法规相对比较完善，但要顺应国际国内经济社会发展，需要对其不断修正和完善。公共政策中的法律形态部分自然会出现有失全面、有失系统的情况，也就是说，在某些领域仍然存在知识产权保护的法律盲区。比如，由于缺少必要的立法，我国的传统知识、遗传资源、民间文艺等原本占优势的资源很难转化为市场竞争力。

（二）政策结构功能失衡

一直以来，我国不同的知识产权由不同的行政管理机构来保护，知识产权行政管理工作在机构设置上过于分散，管理不科学，缺少权威、统一的管理主体。有近10个直接管理知识产权的部门和20多个与知识产权密切相关的管理部门，各部门往往容易各自为政、封闭割据，缺乏各部门之间的有效协调。

---

① 彭茂祥：《我国知识产权公共政策体系的构建》，《知识产权》2006年第5期。

　　"法出多门"容易造成内容交叉或者冲突；"政出多门"、"多龙治水"的多元式管理往往出现"多人负责，无人负责"的现象，使中小企业无所适从，造成极大的管理成本浪费、行政成本膨胀。

　　例如，2001 年修订的《商标法》规定，地理标志以集体商标、证明商标的形式被纳入商标保护范围，由商标局直接主管。而国家质检总局颁布的《地理标志产品保护规定》，明确规定全国的地理标志产品保护工作由质检总局主管。由两个部门主管地理标志，相互之间缺少工作上的协调，存在着行政冲突。

　　再如，关于建立海外维权机制，国家工商总局下发了《加大我国企业海外商标注册，建立商标海外维权机制的通知》，但仅仅是针对商标领域的海外维权。商务部自 2007 年起就开始探索建立知识产权海外维权机制，实际上并没有制定具有可操作性的文件。显然这样的扶持政策缺乏统一性和系统性。

　　另外，多部门之间存在着信息不能共享、权力冲突、审查标准不统一的情况，势必给授权与登记工作带来不必要的麻烦，也不利于 TRIPS 协议透明度原则的贯彻实施。

　　（三）政策执行不到位、效率低

　　我国现行的知识产权公共政策实际上是以法律形态为主，而法律形态的公共政策较非法律形态的公共政策具有很强的被动性。一般而言，在法的执行过程中，司法机关一般情况下不主动加以干预，即"不告不理"，但政府在实施政策时却是主动地进行的。目前，我国各级政府施行知识产权公共政策的主动性比较低，相对完备的知识产权制度并没有充分发挥其应有的功能，在某种程度上表现出"制度失灵"。我国中小企业自主创新能力不强，拥有知识产权数量少而且质量不高。以我国中小科技企业较为集中的中关村为例，其中，中小企业原创型的技术创新极少，在申请的专利中，多数是外观设计和实用新型，其比例占到了全部专利申请的 70% 以上，发明专利的比例仅为 30% 左右。[①]

　　而发达国家专利申请的类型构成中，发明专利占到了 65% 左右。

---

　　① 陈乃醒、傅贤治：《中国中小企业发展报告（2007—2008）——中小企业发展及品牌·专利·商标·竞争力》，中国经济出版社 2008 年版，第 269 页。

另据资料显示，我国有大中型企业 10 万多个，加上中小企业和乡镇企业共有 3500 多万个。2007 年，我国企业共申请各种专利 45862 件，仅占国内申请总数的三分之一左右。如果按全国 10 万家大中型企业计算，每个大中型企业的年专利申请量只有 0.46 件，有一半的大中型企业一年也没有提出一件专利申请。①

　　我国企业尚未真正成为创造知识产权的主体。近年来，我国拥有知识产权数量与质量呈现不同步增长，知识产权的创造、运用、保护和管理在不同区域间、不同行业间、不同类型企业间有很大的差异。虽然近些年我国加大了知识产权保护力度，但一些地方政策措施贯彻落实不到位，有的甚至被取消。知识产权执法力度不够，出现了诸如在商标领域存在的查处概率低、惩处力度小，侵权假冒的成本很低，侵权假冒行为猖獗的现象。

---

　　① 李欣：《我国知识产权战略探析》，《康定民族师范高等专科学校学报》2009 年第 2 期。

第七章

我国中小企业知识产权（建设）政策
体系的特征、需求与借鉴

第一节　我国中小企业知识产权政策体系
的基本特征

相对于其他政策体系而言，我国中小企业知识产权政策体系具有如下一些基本特征。

一　政策主体的层次性

这里的政策主体是指知识产权政策体系的制定主体。各级政府对辖区内的中小企业知识产权建设都可以制定相应的政策措施，如中央政府制定的中小企业知识产权政策体系、省级政府以及市级政府、县级政府等制定的中小企业知识产权政策体系等。

政策主体的层次性特点告诉我们，应注意各级中小企业知识产权建设政策的一致性。如果出现有两级或多级政府政策相左或相矛盾的情况，就会使中小企业的知识产权建设活动无所适从，不但起不到促进作用，反而会抑制活动的开展。

二　政策功能的多样性

从理论上讲，中小企业知识产权建设政策体系可以有多种功能，主要有引导功能、激励功能、保护功能、调节功能、规范功能等。政府为达到某种目标，采用何种政策工具，才能实现何种功能，并不是一件容易的事。另外，还要充分考虑到政策对象的不同特点。

政策功能的多样性特点，要求我们在制定政策之前就要做好深入细致的调查研究，以准确地找出影响中小企业知识产权建设问题的关键因素（又称限制因素），并对此设计多套解决方案和备选政策方案，并要对其进行详细认真的分析论证，必要的情况下可先行试点，在实践检验中及时修改、不断完善，然后再推出正式的知识产权建设政策体系及政策措施。

三　政策对象的差异性

政策体系对象的差异性是指中小企业在企业规模、经济实力（硬实力、软实力）、产品性质等诸多方面存在着较大差异。这种现实的差异性，会给知识产权政策的制定和实施带来相当大的难度。例如，在政策体系目标的选择方面就要充分考虑到这一点。

据笔者调查，诸多中小企业经营者对知识产权有关概念和知识不甚了解，更谈不上搞知识产权建设了。面对这种情况，在政府政策体系中应首先体现引导性政策措施（例如，通过媒体宣传等），即应引导中小企业经营者了解并掌握有关知识产权建设的知识，再推出具体的有关政策措施。

四　政策工具的灵活性

政策工具是实现政策体系目标的具体手段。政策工具不同，政策功能也不尽相同。例如，对于某中小企业来说，专利法和税收优惠政策功能就有所不同，前者的功能主要在于保护企业（专利发明者）的研发积极性，而后者的功能主要在于激励企业应用新技术的生产经营行为。

政策工具的灵活性在于，对于某一具体问题，或达到某一目标可以采用不同的政策工具。例如，对某项中小企业知识产权建设计划，可以采取资助形式的政策工具，可以采取税惠形式的政策工具，还可以采取对建设者进行奖励形式的政策工具。

政策工具的灵活性还在于，它既可以成为中小企业知识产权政策体系中的重要工具，也可以成为其他政策体系（如科技政策、产业政策等）中的政策工具。

五　政策内容的多元性

行将构建的中小企业知识产权建设政策体系的第五个特征是政策体

系内容的多元性，即政策内容（或范围）不仅仅指向某一个方面，而是涉及多个方面。

传统的科技政策一般将注意力放在向社会提供科技成果上，而传统的产业政策主要注意利用经济手段促进生产的发展。两者都没有在创造更多的技术需求上下功夫。而中小企业知识产权政策体系则将能力、供给、需求、环境和设施建设等多元目标、多项要素引入自身的体系之中。

第二节　我国中小企业知识产权政策体系的需求分析

一　中小企业知识产权政策体系的主客体

对中小企业知识产权政策的主客体分析，不仅有助于我们进一步理解中小企业知识产权政策体系的概念，而且还可以使我们进一步了解这一政策体系的大致作用边界和基本内容。

（一）中小企业知识产权政策体系的主体

政策主体是指制定政策目标、选择实现政策目标的工具——政策工具、发布政策（文件）、监督政策执行、评估政策执行结果的社会组织。

中小企业知识产权政策体系的主体是政府，包括中央政府和地方政府。政府作为中小企业知识产权促进政策的主体，肩负着制定知识产权建设政策目标，并根据目标需要选择具体的政策工具、发布政策、组织实施、监督和评估政策等一系列任务，即从政策制定到政策目标实现的全部过程。

政府之所以应当成为中小企业知识产权政策体系的主体，并不是受人指派或通过选举等方式确立的，而是由政府的职能（包含①宏观经济调控职能；②提供公共产品的服务职能；③市场监管职能；④社会管理职能）所决定的。政府职能，决定了知识产权政策具有权威性和代表性。权威性确保政策所反映主体的意志得到尊重，具有强迫执行的性质；而代表性则表明主体的意志能够代表全社会的意志和利益。离开了这两点中的任何一点，政策目标都很难实现。在中小企业知识产权建设所涉及的各种社会组织中，只有政府才能同时满足这两个条件，因此也只有政府才能承担起知识产权政策主体的责任。

（二）政策主体职责分工模式的选择

前面谈到，中小企业知识产权建设政策主体是中央政府和地方政府。按照各自职责分工，促进中小企业知识产权建设的政策主体可以有五种组合：①完全由中央政府负责；②完全由地方政府负责；③上述两者并重，即对中小企业知识产权建设活动齐抓共管；④以中央政府为主，地方政府为辅；⑤以地方政府为主，中央政府为辅。

多年以来，中小企业一直受地方政府及其职能部门管理。随着经济体制改革的深化和市场化进程的加快，对中小企业的行政管理已转变为政府指导下的行业管理。虽然地方政府的管理职能发生了转变，但对中小企业的扶持任务并没有因此而转变，在"放小"的同时，更要"扶小"和"助小"。

中央政府对中小企业知识产权建设活动进行政策干预的主要方面在于：①在产业技术方向上予以引导，以防止重复性技术引进造成的巨大浪费，特别是对重大高新技术项目的基础性研究要给予引导和资助；②对中小企业知识产权建设者的创新成果提供强有力的法律保护（专利法等），以鼓励中小企业创新；③对于各级政府政策的制定和实施提供宏观指导；④解决中小企业知识产权建设活动所存在的带有共性的重大的问题，诸如建立全国中小企业软实力建设信息网络；⑤制定带有共性的知识产权促进政策，等等。

除了上述以外的其余的带有个性（区域性）的政策措施的制定和实施应由地方政府负责，如中小企业技术创新激励政策、引导政策、协调政策，以及区域性基础设施建设等。

通过上述分析可以看出，对于中小企业知识产权建设，中央政府政策措施侧重于抓大事，抓公共事物，抓方向；而地方政府政策措施则侧重于抓日常、抓个性事物、抓中小企业知识产权建设的具体促进政策和服务体系建设等。

因此，笔者认为，上述政府职责模式中的第五种是较为理想的模式，即以地方政府为主、以中央政府为指导的职责分工模式应属首选。

值得指出的是，我国的地方政府，分为省（直辖市、自治区）、市、县（区）、乡（镇）四个行政级别。那么，这四个级别的地方政府哪个层次最为适合呢？

通常要考虑的是：①向中小企业提供的软硬要素在哪一行政区域范围内最能够得到直接满足；②中小企业的集中度（即一定土地面积上中小企业的数量）最高的行政区域，即宏观管理的成本最低；③最能满足中小企业知识产权建设资源需求的行政区域，特别是对技术的需求。

对于上述三项标准，能够同时得到满足的只有市级政府。因此，以中央政府为指导、以市级政府为重点的中小企业知识产权政策体系应是政策主体选择的首选模式。

（三）中小企业知识产权政策体系的客体

所谓知识产权政策客体，就是指知识产权政策的作用对象。中小企业知识产权政策的作用对象，是指从事各种知识产权建设活动的执行主体——中小企业以及其他相关者，也包括由于开展知识产权建设活动而产生的各种矛盾或问题。

中小企业知识产权政策中的各种矛盾或问题，主要包括知识产权建设活动过程、知识产权建设活动的背景和知识产权建设活动的基础等三个方面。

中小企业知识产权建设活动过程是指知识产权建设各环节及各环节之间的相互联系；中小企业知识产权建设活动的背景是指各执行主体从事知识产权建设活动的外部环境（包括结构环境、体制环境和制度环境等）；而中小企业知识产权建设活动的基础则是指保证中小企业知识产权建设活动开展并影响创新活动绩效的经济、技术和社会基础条件。

总之，中小企业知识产权建设政策不仅涉及建设活动自身的问题，包括知识产权建设活动的执行主体行为、过程各环节存在的问题以及知识产权建设过程中各环节之间的联系（如知识产权资源在各个环节之间的流动、各环节之间的相互影响和制约等）；也涉及中小企业知识产权建设活动所处的外在环境和社会背景，包括国家知识产权体系及其运行效率、政策法律环境、经济管理体制与科技体制改革对中小企业知识产权建设活动的影响、宏观经济结构的现状和调整等；同时，还涉及中小企业知识产权建设活动的生态、物质和文化基础，包括知识产权建设活动所依赖的自然经济基础，如能源、土地、水资源、矿产等自然资源

（硬资源）的供给，知识产权建设活动所依赖的文化基础，如教育科技知识、消费时尚、就业现象，以及人口结构和劳动力素质等人口因素。

二　中小企业知识产权政策体系的功能

任何部门性、区域性或全国性政策的设计制定，都是政策内容的特殊性和政策要求的一般性两者的有机统一。政策的功能和特点，即政策一般性，是我们在设计任何政策时必须遵循的内容。1991 年，世界银行组织在其《世界发展报告：发展面临挑战》中，得出了"当代发展中政府运用良好的公共政策，与市场作用相互协作，是当代推动各国经济更快速发展的关键途径"的结论。这一关于世界发展态势的研究成果与西方新政治经济学尤其是新制度经济学的观点吻合。西方国家自 20 世纪下半叶以来，纷纷采取积极的公共政策，有力推动了本国经济的快速发展，取得的成就是举世瞩目的。

公共政策学的基本原理告诉我们，一般意义上的公共政策的功能，就是指公共政策在施行管理社会公共事务职能中所发挥的作用。众所周知，公共政策已然成为政府干预和调控当今经济、社会发展的最重要的手段。

具体来说，政策或政策体系的功能具有如下体现：

（一）导向功能

即政策作为人们思想和行为的规范和准则，引导着人们的行为和事物的发展方向。例如，对中小企业技术创新政策的设计、制定和实施，就应当起到这样的引导作用。此功能为政策的积极功能，既是对行为的引导，又是对观念的引导。科学正确的政策，合理调整各种的利益关系，保障了最广大人民群众的根本利益和基本权利，是能够引导人们为实现社会主义现代化的预期目标努力奋斗、激发千千万万人的创业热忱和创造精神的。

（二）调控功能

政策或政策体系的调控功能是指政策在对社会各种利益关系、利益矛盾进行调节和控制中所起的作用。政策往往是一国政府对经济社会发展中的某些环节进行宏观调控所凭借的重要手段，主要调控各种社会利益关系。比如调控科技政策、产业政策和教育政策等。同样，中小企业知识产权政策也不例外。

（三）分配功能

创造和分配社会公共利益是政策的本质作用之一，任何政府都非常关注"把社会利益分配给谁、如何进行分配、怎么样才是最佳分配"这一极其重要的问题，因为这不仅牵涉塑造何种激励结构促进经济社会发展，而且关联着政府从社会那里所获得的支持程度。例如，日本天皇和首相亲自参加授予发明人奖励的活动，亲手向获奖发明人颁发最高以首相命名的奖项，这种"社会价值分配"与导向的措施，其用意是以此激励全民创新，为引导日本成功迈向创新发展之路服务。①

（四）约束功能

政策或政策体系的约束功能指的是人们的行为和事物的发展在某种程度上受到政策的制约和限制。一般而言，政策的规范性决定了政策应该具有约束功能。政策的约束功能为政策发挥其功能提供有力保障，必要时政策主体要禁止政策对象的行为。如果失去了约束功能，政策就失去了应有的效力。

中小企业知识产权政策，就是制定关于中小企业知识资源、创新资源的知识产权的创造、运营、保护、管理等一系列政令措施的总和。随着经济全球化进程不断加快和科学技术突飞猛进的发展，知识产权制度成为鼓励和保护创新、推动人类社会进步和促进经济发展的基本制度安排，其重要地位得到历史性提升。知识产权日益成为世界上各个国家用以维护国家利益、保障经济安全的战略性资源，许多国家特别是那些举世公认的创新型国家（如美国、日本、韩国等），竞相加强了适合本国的知识产权公共政策的制定和实施，探索能够有力支撑、促进本国发展、提高国际竞争力的国家知识产权战略公共政策。②

三　中小企业知识产权政策体系的结构

常言道，事物的结构决定事物的功能。中小企业知识产权的政策结构也将决定政策功能（能否实现既定目标）。根据中小企业知识产权政

---

① 丁恒龙、王卫星：《日本知识产权制度的变迁及启示》，《科学管理研究》2009 年第 6 期。

② 彭茂祥：《我国知识产权公共政策体系的构建》，《知识产权》2006 年第 5 期。

策的目标和中小企业知识产权建设活动中存在的问题，以及知识产权建设活动对政策内容的需求，笔者认为，为了促进该项活动，在构建中小企业知识产权政策框架时，必须充分考虑能力提升、资源供给、政策需求、环境支持和基础设施五个基本要素。

（一）能力提升

知识产权能力的提升是中小企业知识产权政策中的目标子系统。该子系统决定了其他子系统的方向和强度，对其他政策要素或子系统将起到决定性的作用。因此，在制定知识产权政策框架（或某一项政策）时，需要率先考虑的因素就是：能否有助于中小企业知识产权的提升，以及提升的程度究竟有多大。

在以往的中小企业政策（例如技术创新政策）中，人们考虑较多的是"如何改善环境"，而较少想到"如何提升能力"。这也恰恰是诸多政策效果不甚理想的重要原因之一。

（二）资源供给

知识产权的资源供给是中小企业知识产权政策中的支撑子系统。其基本任务就是要确保中小企业能够得到促进其知识产权建设的包括文化、责任（制度）、技术和知识等方面充足的知识产权资源供给。

知识产权资源供给方面的政策同时包括资源供给的数量和质量，而且能够合理匹配和有效利用企业的软资源。

（三）政策需求

政策需求是中小企业知识产权政策中最为复杂，也是非常重要的要素之一。它具有双重含义：一方面，是指促进中小企业知识产权建设政策的向外需求，如企业知识产权建设对技术、知识的需求等；另一方面，指的是某些组织和个人对中小企业知识产权建设活动或创新成果（产品或劳务）的需求。所以，当人们谈到中小企业知识产权建设的政策需求时，事先要弄清楚谈话者谈及的需求是何种类型或何种指向的。即在搞清楚知识产权建设中实际存在的问题和需要达到哪一种目标的前提下，再制定相应的政策或凭借相应的政策工具。

该政策要素的主要任务是对于中小企业对外或对内的知识产权建设需求，一要引导，二要刺激，三要尽量满足。

（四）环境支持

环境支持主要是指与中小企业知识产权建设活动相关的各种"软"

环境，主要包括政府相关窗口部门的管理服务、政策法律法规等制度、市场秩序与竞争以及文化等各方面环境。

知识产权建设环境的优劣将对中小企业致力于知识产权建设活动的主动参与性、积极性和创造性产生极其深刻的影响。现阶段，我国正处于破旧建新的经济体制转型的重要时期，各种外部环境信息通过各种渠道传输给中小企业，不同程度地影响着中小企业的知识产权建设行为。为此，在具有规范性的新体制和制度性的社会调控力量尚未完全形成的情况下，通过知识产权政策为中小企业创造良好的发展环境，理应成为特定时期内促进中小企业健康成长的重点工作。

知识产权建设环境支持子系统的主要任务是通过一系列具有可操作性的政策措施来激励、规范和保护中小企业知识产权的建设活动。

（五）基础设施

知识产权建设的基础设施主要是指与中小企业知识产权建设活动相关的"硬"环境，是为中小企业开展知识产权建设活动提供的基础性条件。通常而言，这些基础条件单靠任一企业自身力量无法承担和建立，其承担和建立者只能是政府。即这些基础条件是由政府提供的公共设施，是有关部门或组织为中小企业知识产权建设提供某种服务的重要前提。

中小企业知识产权建设活动的基础设施条件包括国家信息网络、创新人员教育培训基地、中小企业技术创新推广中心、小企业孵化器、各类社会中介服务机构以及其他各类中小企业管理（或协调）机构等。

知识产权建设基础设施子系统的重要任务是通过建设和运用基础设施来保障和促进中小企业的知识产权建设活动。

四　政府在中小企业知识产权政策体系中的角色定位

（一）中小企业在国家知识产权体系中的地位及政府的角色定位

1. 中小企业知识产权是国家知识产权战略的基本载体和基础

国家知识产权战略体系，是指国家各方面知识产权所构成的有机整体，是一个极其庞大的系统工程。它不仅包括与企业知识产权密切相关的国家文化体系、国家责任（法律）体系、国家（技术）创新体系、国家知识产权体系，还包括国家外交体系和国家政治体系等范畴。

国家知识产权体系可以分为狭义和广义：狭义仅指与企业知识产权资源（文化、责任、技术、知识）相对应的体系；而广义则不仅包括狭义在内，而且还包括外交、政治等方面的体系。本书所指是狭义的。

中小企业知识产权是国家知识产权战略的基本载体和基础。评价一个国家自主创新能力的大小即国家知识产权战略体系建设的完善程度与否，中小企业知识产权应是其中最为重要的衡量标准之一。离开这一标准的一切衡量，都是欠缺的或不负责任的。

中小企业如同大型企业，都是国家知识产权战略体系中的重要执行主体或基本载体。而高校、科研机构、中介组织和政府等诸多其他社会组织及其行为，则构成了国家知识产权战略体系中促进中小企业知识产权建设活动的相关主体。其中，国家利益的代表、拥有宪法赋予其权力和职能的政府，既要领导和组织构建国家知识产权战略体系，又要促进中小企业知识产权建设。

值得指出的是，关于国家知识产权战略体系方面的理论与实践研究，尤其综合研究，我国才刚刚起步，而国外研究也并不多见。但是，其中的国家创新体系方面的研究，却相对比较成熟。

2. 国家创新体系

国家创新体系的概念已成为工业化国家的政府制定各类政策和决策的基础之一。经济合作与发展组织（OECD）在其1996年的《国家创新体系》研究报告中指出，国家创新体系是指"由公共部门和私营部门的各种机构组成的网络，这些机构的活动和相互作用决定了一个国家扩散知识和技术的能力，并影响国家的创新表现"[1]。

加强创新系统内各主体间的相互作用与联系是国家创新体系的政策意义之所在。例如，加强企业与企业间、与科研机构和高校的合作与联系；发挥中介机构在各个创新主体间的沟通协调作用；强化政府在技术创新过程中对产业的发展战略和政策的引导以及协调政府各部门之间的工作职能。

国家创新体系理论强调不但要重视企业技术创新能力的提高，尤其

———————

① 詹绍芬：《我国中小企业技术创新产权激励机制研究》，硕士学位论文，河海大学，2005年，第24页。

要关注充分发挥政府在整个国家创新体系中的角色功能，意即政府要在政策法律环境、基础设施以及各种服务等方面为企业的技术创新提供强有力的支撑，实现其配置创新资源、协调国家创新活动的基本功能。

3. 政府在国家知识产权战略体系及中小企业知识产权建设中的角色定位

国家知识产权战略体系的基本功能是有效地配置知识产权资源（文化、责任、技术、知识等），并协调国家的知识产权活动。

国家知识产权战略体系涉及各类社会组织和范围不等的环境因素。就社会组织而言，国家知识产权战略系统涉及包括中小企业、大型企业（集团）、政府、科技、教育、培训、金融、中介组织和行业协会九大类社会子系统。就社会环境而言，国家知识产权战略体系涉及区域、国内和国际以及自然环境等。

我们在强调中小企业作为国家知识产权战略体系的基本载体和基础的同时，绝不可以忽略政府在领导、促进和组织国家知识产权战略体系方面的作用。

在国家知识产权战略体系中，各种社会组织子系统有着各自的目标和利益。从目标角度而言，与中小企业和高等院校直接关注的目标不同（中小企业关注利益最大化，高等学校关注培养人才），只有政府才有可能"全身心"地投入到促进知识产权建设的活动；从利益角度而言，由于知识产权建设有很大的风险性，只有政府才能调整因风险给各组织带来的利益失衡，才能依法调动、分配和优先使用国内各种知识产权资源，通过各种手段对某些社会组织参与知识产权建设活动进行必要的干预。

需要注意的是，要对政府在知识产权建设中的角色功能进行客观评价，政府只是国家知识产权战略体系中的重要主体之一，不能取代企业的执行主体地位。既不能一味地夸大也不能无限度地贬低政府的作用，既要清楚政府担当着国家知识产权战略体系的领导者和组织者的职能，又要看到政府在促进中小企业知识产权建设中发挥的不可替代的作用。

（二）中小企业知识产权建设的宏观影响以及政府角色定位

中小企业的知识产权建设在经济、政治、文化等诸多方面都对现代社会产生着非常深刻的影响：中小企业知识产权建设活动有力地推动了国家经济的持续快速增长；中小企业创造了大量的新增就业机会，为维护和稳定国家政治生活发挥着举足轻重的作用；使人们不断增长的与日常生活相关的物质和文化需求得到不同程度的满足；中小企业也培养和塑造了能够成为提高国家竞争力和综合国力的基本动力之一的企业家精神。这些方面从各个不同的侧面代表着国家的最高利益，也体现了国家宏观调控的主要目标。

从微观经济行为对宏观层面的影响来看，某一中小企业的创新行为会形成技术扩散引导整个行业的创新，各个行业的创新、扩散和组合又会形成某一产业的创新和经济增长，而若干产业的经济增长则推动了整个国家经济的增长。而且为数众多的中小企业的创新成果并不一定比大型企业逊色，相反，中小企业能够为国家创造巨大的财富。例如，美国的中小企业每年能够创造占全国总数55%以上的创新成果。

由此看来，政府作为中小企业知识产权建设的受益者和国家利益的代表者，应该非常关注中小企业的知识产权建设，并给予必要的投入。实际上，无论是政府的财税激励和法律保护政策，还是制定专门的支持计划或者提供知识产权资源等方面的服务，都对中小企业的知识产权建设产生着实质性的影响。

（三）市场对中小企业知识产权建设调节的缺陷及政府的角色定位

一般而言，市场机制的调节作用能够直接推动企业创新。但是，在某些中小企业难以进入的高投资、高风险领域（如基础性和公益性研究以及新材料、航空航天等高新技术领域）就会出现调节失灵的情况。这时候，政府能够起到至关重要的作用。政府要认识到中小企业在技术创新中的重要地位，采取与企业共担风险、共享利益的投资方式对创新项目进行投资，或者给予中小企业进行知识产权建设所需的基础设施（信息网络、教育培训等）以一定的资金扶持，以增强中小企业加强知识产权建设的信心。

市场的缺陷主要有如下表现：

一是市场既能够强迫中小企业去搞知识产权建设或创新，又能够利用高效益引诱中小企业甘担风险去搞知识产权建设或创新。但市场的这种双重作用，不能使中小企业知识产权建设的风险和动力问题从根本上得到解决。

二是市场本身不能自发地造就一个最有利于中小企业知识产权建设的市场结构。

三是市场本身也不能够为中小企业知识产权建设营造一个非常有利的外部环境，也就是说，市场本身并不能解决一些与知识产权（创新）有关的政策、法律、法规等问题。

基于上述市场功能的局限性，要求政府必须在中小企业知识产权建设中发挥主动积极的作用，以便充当市场调节失灵、激励缺陷的弥补者的角色。

（四）知识产权建设成果的非独占性及政府角色定位

企业知识产权建设的产出，诸如文化理念、责任制度、创新产品等，通常是一个介于公共产品和完全排他性产品①之间的产品。这是由于：第一，知识产权建设（创新）活动在研究开发方面因需要自己投入资金、智力和体力而通常被认为是一项仅涉及个人或个体财富的活动。第二，知识产权建设成果（产品）的信息部分具有公共性和扩散效应。第三，其他人无须简单重复已经进行过的研究开发。

这种知识产权（创新）活动被称为知识产权成果的非独占性，它具有会挫伤创新者的积极性和对全社会有益的双重作用。之所以创新成果具有非独占性，这是一种信息溢出的结果。这种信息溢出，会对国家（或全社会）与企业产生不同的效用。从国家或全社会利益出发，意味着溢出越多、越快越好；从企业利益角度出发，意味着知识溢出越少、越慢越好。

为了使企业既有知识产权建设的积极性和动力，又有利于国家或全社会，政府就必须力争在两者之间保持一种平衡，就是要达到知识产权建设者的私人收益率与社会收益率趋于一致。对此，政府可以通过以下方式谋求解决：一方面，从法律上为知识产权建设（创新）者的资产（包括有形和无形资产）进行确权，需政府运用必要适当的法律手段对知识产权建设行为予以保护；另一方面，政府给予建设（创新）者以税收优惠、关税优惠、利率优惠等某种津贴或补偿奖励。这种方法实际

---

① 所谓完全排他性产品，即产品的生产者或购买者可以很容易地把非生产者或非购买者完全排斥在获得该商品所带来的利益之外的产品。

上是政府运用积极的政策措施激励知识产权建设的行为。例如，日本政府曾制定了较低的长期创新投资利率，就是为了鼓励中小企业知识产权（技术创新）建设。

据此，政府实际上扮演了中小企业知识产权（创新）行为的保护者和激励者的角色。

（五）知识产权资源的正负效应及政府角色定位

文化、责任、技术、知识等知识产权资源具有正负效应。从技术的正面效应来看，可以通过企业的技术创新再通过技术扩散，实现国家的经济增长和社会的发展。政府作为国家利益代表者，必须适时引导和促进企业的知识产权建设活动，促使科技成果尽多、尽快地向现实生产力转化，使科学技术对经济和社会发展进步的促进作用得以充分发挥。

技术等知识资源也给人类经济发展和社会进步带来一些负面作用，给大自然和人类带来潜在的危害和危险，如核技术、转基因技术等。

鉴于中小企业过多关注自身发展和利益的最大化而对文化、技术、知识等的副作用认识模糊或忽略的情况，需要政府通过必要的政策、法律手段来引导中小企业充分发挥文化、技术的积极作用，同时，又通过某些必要措施控制其负面作用。以此避免中小企业在知识产权建设活动中因追求短期和局部利益而忽视或损害了长远和整体利益、国家利益的情况发生。这意味着政府担当着中小企业知识产权建设活动的引导者和干预者的角色。

第三节 我国中小企业知识产权政策体系的国外经验借鉴

我国在构思中小企业知识产权政策体系时，可以充分借鉴国外的经验，尤其是美国、日本、韩国、印度等国家的先进经验。

一 美国、日本、韩国、印度四国的中小企业知识产权政策经验

（一）美国知识产权政策经验

美国的知识产权政策采用了实用主义做法。20 世纪 70 年代前，美国的科技文化实力弱于欧洲发达国家、知识产品依赖进口，此时施行本国保护主义策略。1790 年颁布了第一部版权法，此后一个世纪左右的

时间里，美国的出版业都是以对欧洲作品盗版为基础，盗版行业甚至被视为履行公共职责而受到尊重。而且不保护居住在美国以外的作者，即使到了 1836 年，外国人的专利申请费也高出美国公民的 9 倍（如果是英国人，还要再高 2/3），直到 1861 年，外国人在这方面才（几乎完全）不受歧视。① 从 20 世纪 70 年代末开始，美国政府对本国知识产权保护不力进行反思，意识到科技和人才是其最大的竞争资源优势，开始采取积极的知识产权保护政策，卡特政府第一次将知识产权战略上升为国家战略。维护本国经济利益，尤其保护本国跨国公司的经济利益是美国知识产权法律的重要目标，基于国家利益和企业竞争的需要，美国对知识产权法律不断进行修改，强化鼓励创新方面的立法。政府往往进攻性地参与制定和调整知识产权国际规则。1984 年，美国将"301 条款"所辖的不公平贸易扩展到了知识产权保护领域后，通过政府设计、企业出资的多边主义和双边谈判、双边协定的双边主义以及发出威胁、实施制裁的单边主义（即霸权主义）来筹划设计保护自己的知识产权。

美国还十分重视知识产权教育，不惜斥巨资培养中小学生的科技创新能力。政府与一些民间知识产权机构都致力于青少年知识产权意识的提高。由全美各大学法学院开设知识产权教育课程。

近几年来，美国知识产权政策有一些新动向：为加速危机后经济复苏强化知识产权保护；制造知识产权摩擦用以维持其在经济、科技领域的霸主地位；制定"21 世纪国家知识产权战略"；输出知识产权价值理念和专利技术。

美国对知识产权的制度设计、实施细则以及知识产权政策的不断调整，都是以美国社会的经济政治和法律制度为基础的，并不断适应其经济社会科技发展的进程。

（二）日本知识产权政策经验

日本的知识产权实践走了一条"引进技术—消化吸收—技术创新"之路，以本国的文化、经济和社会背景为依托，不盲从国外，视本国经济技术发展需要不断调整本国的知识产权政策。

---

① 张倩：《知识产权公共政策研究》，硕士学位论文，华中师范大学，2009 年，第 12 页。

　　早在 19 世纪末，日本就加入了《巴黎公约》和《伯尔尼公约》。日本开始系统的知识产权立法是在 1885 年仿效德国建立了专利制度。早期的知识产权采取"吸收性技术革新"战略，呈弱保护、不鼓励创新、促进知识扩散的特点。第二次世界大战以后，日本采取了宽松的知识产权政策，依靠模仿西方技术实现技术的发展和经济的繁荣。据日本长期信用银行对 1955—1970 年期间的调查显示，日本几乎引进并吸收了全世界半个世纪以来开发的全部的先进科学技术。日本政府特别重视引进尚未被商业化的高新技术，在此基础上进行创新并加速形成拥有自主知识产权的技术。政府也具体分析国内企业侧重于引进和仿制专利技术的特点，有针对性地采取构筑专利网的专利战略，用以将欧美的关键技术阻隔在其专利网之外以保护国内市场。直到 1994 年以前，日本的知识产权制度都是倾向于鼓励知识扩散。1994 年，在美国攻势下进行专利法改革。日本改革之前的专利法与美国明显不同，其通过公开申请、狭窄单一的专利权利要求和拖而不决的专利授权实行弱的专利保护，迫使创新者急于尽早许可他人使用自己的专利技术，这种专利策略在客观上有利于促进技术扩散。第二次世界大战以后，日本进行技术革新的一个重要来源是日本产生了大量的实用新型专利，这些专利是通过重视实用新型专利制度鼓励改良性质的技术创新和推动知识扩散的政策而取得的，这些不大但效果积极的实用新型专利对于日本生产力的提高产生了重大和积极的影响。

　　日本的知识产权公共政策深受其集体主义文化背景的影响，知识产权公共政策的目标主要不在于突出个人和给个人支付报酬，而是旨在实现效率、生产力和公共产品的最大化（Garroussi，1997）。在这一独特的文化背景影响下形成的知识产权公共政策更加有利于推动企业的技术扩散和知识的传播，从而最终使得日本的政府与本国企业形成了一种共生关系。

　　进入 21 世纪，伴随着基础领域的技术创新在全球获得了领先地位，日本的专利制度因此而明显地转向对本国的发明专利予以更为强势的保护。1999 年年底，日本政府着手制订 2000—2010 年的"国家产业技术战略"。这再一次说明日本的知识产权公共政策是顺应本国经济和技术的发展需要不断地进行调整变化的。2002 年 7 月，日本政府发布《知识产权战略大纲》，强调了知识产权的创造、保护、开发利用和人才培养，并将"知识产权立国"列为其国家战略，日本也因此成为全世界第一个明确地提出了"知识产权战略"的国家。2002 年 12 月 4 日，日本颁布了《知识产权基本法》，又通过年度"推进计划"围绕知识产权战略大纲的几个方面部署具体施行措施，将知识产权上升为国家管理事务的层面，由小泉首相出任知识产权战略总部部长，同时强化了尊重发明创造这一国策。值得一提的是，日本政府无论在其《知识产权基本法》还是在其后每年发布的年度"推进计划"中，都非常明确地规定了知识产权各相关部门的主要职责。[①]

日本的中小企业约占企业总数 99% 以上。日本政府通过制定相关法律法规、帮助企业申请专利、鼓励企业进行知识产权的转化和运用、帮助中小企业进行海外维权等方面为中小企业提供知识产权援助。例如，政府为中小企业购置用于基础技术开发的资产投资提供免税 7% 的支持，为中小企业提供免征研究开发和试验经费 6% 的支持；积极引导风险资金向具有核心知识产权的中小企业倾斜等。

（三）韩国知识产权政策经验

韩国的知识产权政策与其在第二次世界大战后施行的经济和科技发展赶超战略密切相连，在不同发展阶段其内容有所不同。

20 世纪 70 年代中期，韩国将产业发展的重点放在发展资本和技术密集型产业上，加快引进外国的资本与先进的技术，推进贸易自由化进程。但因"石油危机"造成的全球经济衰退使国际技术保护主义抬头，对韩国知识产权制度环境提出了更加严峻的挑战，亟须保护国内 R&D 投资的增加和技术能力的提高。此种环境驱动韩国政府开始建立现代知识产权制度，参与知识产权国际组织，参照国际标准多次修订本国的知识产权制度，强有力地推动了国际技术转移和国内的技术积累，大大提高了技术能力和产业竞争力，促进了经济快速增长。[②]

从 20 世纪 80 年代中后期开始，伴随经济体制向企业主导型转变，韩国政府在"六五"计划（1987—1991 年）中首次提出"科技立国"

---

① 王珍愚、单晓光：《日本的知识产权公共政策及对中国的启示》，《财贸研究》2008 年第 6 期。

② 邓仪友：《美、日、韩三国知识产权政策评述》，《中国发明与专利》2008 年第 7 期。

的发展战略，将科技投资目标确定在占 GNP 比值 2.5% 以上，发展的重点放在机械、电子等制造业方面。韩国知识产权政策系统的重点调整为以促进本国高新技术产业发展和提高本国企业竞争力为目标，知识产权保护以高新企业技术创新成果为主，促进了韩国高新技术的迅速发展。20 世纪末韩国政府为应对亚洲金融危机，确立以"文化立国"战略推动本国经济的复兴，把文化产业作为支柱产业。

WTO 成立后，韩国的知识产权政策目标开始向赢得全球竞争优势的方向转变。政府不断地修改和完善本国的知识产权法律法规，同时也鼓励大企业通过诸如对发达国家直接投资、收购研发型小企业或者建立国际联盟等方式获得新技术。经过不断的努力，韩国的知识产权实力不断增强，专利申请总量跻身世界前列。2003 年初，卢武铉政府调整了科技计划和政策，提出了两点政策方向，即"科学技术第二次立国"和建立"以科技为中心的社会"。2004 年，韩国知识产权局颁布了《知识产权管理的愿景与目标》，明确了韩国政府要通过强化知识产权的创造、保护和使用，提高产业的附加值，将韩国建设成为 21 世纪的知识产权强国的发展目标。为实现这一目标，韩国确立了强化知识产权保护、强化商标和外观设计的基础性保护、加速专利技术商业化和转让、扩大知识产权的创造基础、实现知识产权管理的自动化和专利信息的扩散使用、加强国际知识产权和贸易合作、加强内部专利管理的能力等 7 项具体政策目标。2004 年 3 月，韩国政府宣布，韩国知识产权局转属于科技部，并计划将韩国知识产权局的职能重新部署。知识产权政策开始对韩国的科技、经济政策起举足轻重的作用。

2005 年，韩国又完成了第三次科学和技术规划纲要的制定工作，并通过国家科技发展战略、宏观科技管理体制、科技研发投资体制等多方面改革，来强力推行它的科技振兴政策。如今，韩国不再是曾经仅仅依赖引进和模仿技术来谋求发展的亚洲小国，已经跻身世界知识产权领域举足轻重的强国之列。① 以汽车工业为例，2011 年韩国汽车产量465.8 万辆，同比增长 9.0%，占世界汽车总产量的 5.8%，连续 7 年位

---

① 刘华、孟奇勋：《知识产权公共政策的模式选择与体系构建》，《中国软科学》2009 年第 7 期。

居世界第 5 大汽车生产国。

韩国政府将推动中小企业的发展作为推动其本国经济腾飞的发动机，为鼓励中小企业自主创新出台了一系列具体措施，并通过各种途径为中小企业提供知识产权援助。

在专利申请方面，政府为中小企业申请国内专利减免 50% 的手续费，为中小企业申请国外专利提供政府补贴申请费，还可以为企业提供长期低息贷款。

在海外维权方面，韩国专利厅在《关于为了保护海外产业财产权提供审判与诉讼费用补贴的规定》中明确规定，当有出口业务或者在海外投资的国内中小企业或者个人的产业财产权在海外遭侵权时，所产生的侵权调查费、审判及诉讼费等费用由韩国专利厅以补贴方式为它们提供。

另外，政府出面聘请中小企业进行技术研发和技术引进所需的相关行业领域的专家组成专家团，由行业专家团对该项技术涉及的知识产权状况进行事前分析和判定，帮助企业确定研发的方向和领域，规避企业因重复投资和技术侵权可能产生的各种风险。政府给予 75% 的审查费用补贴。免费为中小企业提供网上专利信息服务。

韩国的产业资源部、中小企业厅、专利厅和农林部等部门通过采取融资、参股、补贴等方式援助那些意在对优秀专利技术进行产业化而缺乏资金的企业。政府为中小企业搭建快捷便利的公共服务平台。运营"优秀专利产品电子商业交易系统"，号召政府部门等公共机构优先考虑购买优秀专利产品，并给予技术转让评估手续费的 80% 的补贴。成立包括公益性组织和社会团体在内的多层次的中小企业援助机构，为中小企业提供由专利申请费、审查费的减免到海外维权的"一站式"服务。

（四）印度知识产权政策经验

印度是走上工业化道路的发展中国家，已经成为有效运行知识产权公共政策的典范国家之一。印度政府非常重视制定和调整科技政策，自20 世纪 50 年代末起，先后通过（公布）了《科学政策决议案》（1958年）、《技术政策声明》（1993 年）、《新技术政策声明》（1993 年）、《新科学技术政策》（2003 年），后来提出了 15 个目标和十几项战略和行动措施以配合实施"十五"计划。

进入 21 世纪，印度总理提出要建设"知识大国"和建立"知识社会"。以此为目标，印度政府在产业、外贸、税收、文化和人才等方面都采取了积极有效的政策和措施，突出以知识产权政策为导向的各公共政策的有效衔接。

印度知识产权政策最大的特色就是对国内软件产业和传统知识的保护。软件产业是印度最引以为荣的产业，以争取在国际上占据更大份额为产业目标。印度政府通过软贷款、赠款及"产业研究伙伴计划"等方式支持制药业，因此印度大多数制药公司的研发投入都是比较低的。印度政府在传统医药知识收集归档、建数字图书馆、建立注册登记和发明专利体系"蜜蜂数据库"等方面做了大量工作。为促进传统医药知识产业化，印度政府还成立了专门的投资基金会。需要特别指出的是，印度传统知识数字图书馆的建设不仅受到国际的广泛关注，而且成为发展中国家保护传统知识工作的典范。

二　四国经验对我国构建中小企业知识产权政策体系的启示

第一，中小企业知识产权政策的制定与实施应该适应经济社会发展的客观需要、符合企业自身成长特点。任何一个国家在不同的历史时期有着不同的经济社会发展水平，中小企业不同成长时期对知识产权政策有不同的需求，需要知识产权政策解决的问题也必然有所区别，政策的侧重点也应有所差别。

第二，中小企业知识产权政策应当和国家的经济、科技等政策密切联系起来，形成一个完整的国家创新政策体系。中小企业知识产权政策是实施国家知识产权战略的一个重要的政策工具，是国家创新系统的一个子目标。在国家科技、经济等政策框架内，应当以知识产权政策本身所固有的激励创新、促进竞争、促进知识资源流动等政策效益为核心，充分发挥市场机制在配置知识资源有效利用方面的基础性作用。[1]

第三，在制定和实施中小企业知识产权政策过程中，应该充分发挥政府的主导作用。知识产权政策是基于对当前整体形势的判断来设计制

---

[1]　邓仪友：《美、日、韩三国知识产权政策评述》，《中国发明与专利》2008 年第 7 期。

定和实施未来的发展目标的，知识产权系统政策具有一定的前瞻性，在知识产权系统政策的制定和实施过程中政府的引导和管理是必不可少的。政府要适时对战略性新兴产业知识产权进行分析，及时把握国内外业界动态，引导企业向战略性新兴产业发展。政府要协调知识产权主管部门与相关部门之间的工作，减少或避免发展政策与知识产权法律制度之间的不一致，努力实现知识产权政策与其他科技、文化、教育等政策的功能整合与体系的有效衔接。

第四，中小企业知识产权政策的实施必须充分调动中小企业这一重要市场主体的积极性。市场主体的不断发展壮大是经济社会发展进步的重要体现，中小企业知识产权政策实施的社会效益也必须体现在中小企业知识产权的创造、保护、运用和管理能力的增强上。因此，必须充分调动中小企业这一市场主体自身的积极性，以充分发挥中小企业知识产权政策在环境构建、制度支撑方面的重要作用。政府和我国企业之间要建立一种类似日本式的密切合作关系，要做好协调人力资源和分配其他资源的工作，尽可能避免重复性的浪费，共同推进我国经济更快发展、科技更加进步、社会更加和谐。

第五，构建和实施中小企业知识产权建设的政策体系，其基本措施指向的是未来的经济社会发展目标，创设高效运行的良性体制、机制。因此，在制定和实施中要勇于冲破传统观念的束缚，解放思想，着力于体制和机制建设，敢于进行制度创新。

第八章

我国中小企业知识产权（建设）政策体系的构建原则和基本框架

第一节 我国中小企业知识产权政策体系的构建原则

由前面的分析我们知道，中小企业知识产权创造、管理、运营和保护方面都存在着诸多亟待解决的问题，构建完善的中小企业知识产权政策体系绝非一朝一夕之功，在体系构建过程中必须有科学的指导思想与清晰的思路。必须以毛泽东思想、邓小平理论和"三个代表"重要思想为指导，深入贯彻落实科学发展观，一切从实际出发，实事求是，尊重客观规律，不断提高企业知识产权的创造、保护、运营和管理能力，为建设创新型国家和全面建设小康社会的目标服务，促进经济社会全面协调可持续发展。为此，构建中小企业知识产权政策体系要体现以下原则。

一 政府主导与市场导向相结合的原则

知识产权作为私权，它的价值要通过市场的检验才能得以实现。企业的知识产权活动要遵循市场规律。政府的主要职能是完善知识产权制度、机制和政策，为企业营造良好的知识产权法治环境、市场环境和文化环境，培育企业不断提高知识产权创造、运用、保护和管理的能力。通过保护创新者的利益、促进创新和技术进步，恰恰是知识产权制度的本质所在。因此，政府的鼓励政策要符合市场规则，科学引导企业行为，防止因诸如行政性奖励和资助等政策导致人为的新的不公平竞争发生。

二　分类指导与重点突破相结合的原则

中小企业千差万别，且中小企业知识产权建设涉及诸多方面，鉴于中小企业成长阶段不同、行业类别不同、存在的知识产权问题的类别不同、中小企业知识产权状况在全国各个地区差异很大等诸多情况，政府制定知识产权政策时要尽可能充分考虑到方方面面的因素，选取政策的适用对象和适用范围，选取适合所扶持企业特点的政策模式，根据各类知识产权的外部性、敏感性和公共利益，进行分类指导和管理。强化新型知识产权的保护和立法工作，挖掘并发展我国具有竞争优势的知识产权。基于我国知识产权发展的区域差异性，允许一些发达地区根据实际需要先行一步。加大知识产权保护力度，在打击假冒、侵权方面要优先考虑解决主要矛盾。

三　动态调整与可持续发展相结合原则

世界上先进国家和已经走上工业化道路的国家，都是依据国际国内竞争形势的变化、国内经济不同发展阶段的客观要求以及企业自身发展变化及时调整各自的知识产权战略目标和战略措施的。如，日本自2002 年发布《知识产权战略大纲》以来，每年都制定知识产权年度"推进计划"，对实施知识产权战略的具体措施进行详细安排。因此，我国国家知识产权战略实施应长期目标与短期目标相结合。长期目标具有相对稳定性，短期目标则要具体一些，根据国内外形势变化、企业和产业发展与竞争需要及时进行动态调整。知识产权制度的政策安排要有长期目标和短期目标，既要保证政策的连续性，又要顾及政策的及时性、适恰性。同时，进行知识产权制度的环境政策安排时，要遵循中小企业成长规律，客观分析影响中小企业知识产权政策的环境因素（政策与法律环境、技术创新环境、经济贸易环境等），防止中小企业（尤其是制造业中小企业）在生产中浪费资源和污染环境，使企业的技术创新符合可持续发展的要求，使企业知识产权的产出能够真正为企业做大做强、为国家经济社会发展服务。

四　直接政策与间接政策相结合的原则

直接政策是直接作用于中小企业知识产权建设活动的措施。例如，可以用来解决中小企业知识产权资源不足的一些政策措施，诸如有关政府发布的企业文化促进政策、解决企业技术创新人才不足的人才政策等。间接政策是间接作用于中小企业知识产权建设活动或者用于改善中小企业知识产权建设环境条件的政策措施。间接政策一方面表现为政府不直接介入，只是为其创造条件，如政府对研发投入的税收优惠政策和专利保护与其他知识产权保护政策等；一方面表现为政府虽然有许多计划直接针对中小企业知识产权活动，但多数计划并不是由政府直接操作，而是由服务性的组织（如创业基金会、专利协会、投资公司等）来实施。

直接政策和间接政策各有优劣。通常情况下，直接政策措施的强度和作用速度要胜于间接政策，但容易使企业对其产生路径依赖，影响市场调节作用的发挥，很难体现政策实施的平等对待原则。随着世界经济一体化，政府对本国企业和产业的直接支持，容易招致其他国家的不满甚至反对。用直接政策措施支持中小企业知识产权建设，比较适合法制不够健全的国家或地区。而间接政策虽然作用强度和速度不及直接政策措施，但其减少了政府对中小企业的直接干预，更有利于市场机制配置资源的基础性作用的发挥，也符合国际通行惯例。法制比较健全的国家更适宜采用间接政策措施支持中小企业知识产权建设。

五　各类政策间体现协调性一致性原则

知识产权政策只是知识产权政策体系中的一个重要组成部分，在整个知识产权政策系统中还有其他相关类别的政策。如教育政策、科技政策、对外贸易政策、税收政策等。完善的知识产权政策体系需要各种政策措施和政策手段有机结合，协调一致。知识产权政策体系的有效运行，绝不能仅靠一个或少数几个部门的简单配合，而是需要涉及各个领域的各个部门在整个政策的制定和实施过程中全方位地协调配合。目前我国知识产权政策还没有形成一个各类别政策相互协调的系统，即使同一类别政策，也存在着"多头管理、无人负责"的现象。如地理标志既由商标局负责，又由国家质检总局主管就属此种情况。

第二节 我国构建中小企业知识产权政策体系的基本框架及对策

一 构建中小企业知识产权政策体系的基本框架

2008 年 6 月 5 日，国务院印发的《国家知识产权战略纲要》中明确了到 2020 年我国知识产权战略总目标是要把我国建设成为知识产权创造、运用、保护和管理水平都较高的国家。要使知识产权的法治环境得到进一步完善，使市场主体创造、运用、保护和管理知识产权的能力显著增强，使知识产权意识深入人心，我国自主知识产权的水平和拥有量能够为建设创新型国家提供有效支撑，并且能够充分显现出知识产权制度对我国经济发展、文化繁荣和社会建设的促进作用。

为实现上述目标，再基于前面篇章对我国中小企业知识产权建设的分析，对我国知识产权建设相关政策的沿革与存在的问题的梳理与剖析，以及对行将构建的中小企业知识产权政策体系的基本特征、政策需求及国外借鉴所做的阐述，笔者最终提出构建我国中小企业知识产权建设政策体系的基本框架——五大机制。

第一，构建文化引领机制：旨在构建一个使全体社会成员都能够高度重视创新文化、创新意识不断增强的工作系统。其基本要求是：树立打造创新文化的目标导向，在今后一定时期内，努力打造遍及各类社会成员的创新文化，提倡并尊重人的个性张扬，努力营造平等公平的竞争环境，积极弘扬道德诚信，充分发挥创新文化对我国中小企业知识产权建设的引领作用。

第二，构建企业能动机制：就是要建立一个使中小企业在知识产权建设中能够充分发挥其主观能动作用的工作系统。其基本要求是：要以中小企业自身的建设为主体，不断强化知识产权和创新意识，积极培养和引进优秀的知识产权人才，将知识产权建设、贯彻知识产权政策纳入企业的常规战略管理之中，重点抓好专利和商标工作，充分发挥中小企业自身的能动作用。

第三，构建政府主推机制：就是要构建一个能够使政府在推进中小企业知识产权政策体系建设中发挥主导作用的工作系统。其基本要求是：在政府主导下，加速建立区县级企业知识产权的综合管理机构，完善知识产权法律体系，加强知识产权公共服务，建立知识产权预警机制，制定并出台完整的中小企业知识产权政策扶持体系，健全服务职能并引导相关要素向中小企业集聚，充分发挥政府对中小企业知识产权建设的推动功能。

第四，构建中介服务机制：就是要构建一个能够使中介机构在促进中小企业知识产权政策体系建设中充分发挥服务功能的工作系统。其基本要求是：以知识产权中介机构为纽带，增加中介服务机构的数量，规范中介服务机构的行为，提高中介服务机构的服务质量，充分发挥中介机构对中小企业的服务沟通功能。

第五，构建科技支撑机制：就是要构建一个能够使高等院校、科研机构、企业和个人等在中小企业知识产权政策体系建设中发挥科技支撑作用的工作系统。其基本要求是：以产学研相结合为基本途径，发挥高等院校、科研机构、企业和个人等为中小企业知识产权科技需求提供支撑的作用。

构建中小企业知识产权政策体系基本框架的总体要求是：行将构建的中小企业知识产权政策体系要紧紧围绕构建"五大机制"进行，即需要构建一个"以创新文化为引领、以中小企业自身建设为主体、以政府推进为主导、以中介机构服务为纽带、以产学研合作为支撑"五位一体的中小企业知识产权建设政策推进体系，进而形成能够有效地推进中小企业知识产权建设的新格局。

二　构建中小企业知识产权政策体系的对策措施

根据上述政策体系基本框架即"五大机制"的总体要求，提出如下对策：

（一）构建文化引领机制

要以创新文化为引领，在一定时期内，致力于打造遍及各类社会成员的创新文化，倡导对人的个性的尊重，努力营造平等公平的竞争环境，积极弘扬道德诚信，充分发挥创新文化对中小企业知识产权和技术创新的引领作用。

胡锦涛同志提出"发展创新文化，努力培育全社会的创新精神"，对新时期的文化建设提出了新的目标和要求。同时，"发展创新文化"也是构建我国中小企业知识产权政策体系的社会思想基础。

1. 尊重人的个性，因为尊重人的个性是创新文化的本质

从某种意义来讲，创新文化的实质就是"个性文化"，是"多元一体"的文化。创新是充分发挥个人潜力、智力和能动性的创造性活动，是突破原有思维与行为模式的创举。因此，重视并且尊重个性，彰显特长，是创新的本质要求。

其一，尊重人的个性、培育创新精神，首要的是从娃娃抓起。家长们要帮助孩子树立自信、培养孩子自尊、自立、自强的独立人格。平时经常注意观察并及时发现孩子的兴趣和特长，家长要顺应孩子的特长并加以适度的引导，而不是要求孩子必须遵从家长的意愿做事，让孩子在自己的成长成才道路上拥有更多的自决权和自择权，大胆放手让孩子独立做事。树立并培养孩子自尊、自信、自立、自强的品格，是素质教育的基本前提之一，也是进行创新的一个必要前提，是成功创新所必须具备的心理素质。

其二，要培养和激发人的创新激情。浓厚的兴趣、远大的志向、对成功的强烈渴望、对事业的执着追求是产生创新激情的宝贵源泉。这些创新潜质能够最大限度地调动起大脑的每一根神经，能够把人的智慧潜能激发出来，能够使个体对其所做的事投入全部心血，最终使其创造才能得以充分发挥。创新激情是实现创新成功必备的精神状态。

其三，要营造宽松和谐的创新人文环境和空间。无论是社会、学校和家庭教育，还是人才管理，都要为其所培养的人才创造更多的能够发掘其个体潜能、充分发挥个人特长的自由空间。爱因斯坦说："兴趣是最好的老师。"培养兴趣比传授知识重要，而能够使兴趣化为创新激情进而转化为成功之内驱力更加重要。用单一模式去培养人才，是培养人才的一大禁忌。切莫以一个尺度、一刀切方式去选拔人才，更不能误人子弟。如若不然，都会遏制创新。

2. 努力营造平等公平的竞争环境，因为平等公平竞争的环境是创新文化的根基

创新文化需要学术民主、机会均等、地位平等、公平竞争的社会环境。其中，机会均等是非常重要的前提，因为并不是所有的创新成就都

源自"名人"，相反，众多的创新成就源于处于弱势地位的"无名小卒"。

因而，我国在制定各种规则和评判指标时，必须体现公正公平的原则，要力争规则的制定倾向有利于激励"小人物"的脱颖而出，以激发暂时在某一方面处于弱势的有创新创造潜能的人才多出、早出创新成果。

要做到这一点，就应当大力弘扬、促进学术民主和争鸣之风，不论年龄的大小、资历的深浅、职位的高低，为他们营造一个平等争锋探讨的平台，让真理之光在争鸣中得以点亮，使创新知识成果在争鸣中得到认同，让更多的创新思想火花在各种思维碰撞中绽放异彩。这种平等、民主的意识应当从孩提时代就开始培养，以尊重个性为本，在家庭、学校中形成平等、民主的宽容氛围，克服长者为尊的思维定式。

此外，我们必须改变社会上传统的价值导向，从崇拜名人、服从权威，转变为崇尚真理、尊重知识、推崇真才实学、重视暂时的"小人物"。

3. 积极弘扬道德诚信，因为道德诚信是创新文化的导轨

创新文化需要法制文化、道德和诚信文化的支撑。平等民主和公平竞争的环境只有通过道德的规范才能形成，有了平等民主和公平竞争的环境，才能在激发创新活力的基础上实现和谐。从此种意义上来说，道德规范架起了创新与和谐沟通的桥梁。包含下列几个方面的含义：

一是追求正义、追求真理。推动人类文明的进步既是创新的基本出发点，又是创新的落脚点。对创新者来说，其最崇高的追求和最理想的境界就是不断创造出能够推动人类文明进步的新的物质文明和精神文明成果。

二是求真务实的精神。这是创新的基本要求。无论是科技探索，还是文学艺术的创作，都要尊重遵循自然和社会的客观规律，都要尊重客观实际。以求实的态度创新，意味着艰苦卓绝的辛勤劳动。虽然有时创新思维灵光一现，但实质上它是厚积薄发。因此创新必须专心致志、潜心研究、艰难探索、甘心寂寞、不怕挫折、锲而不舍。

三是诚实守信。对于一个中小企业而言，诚信自律是最基本的道德底线。创造性的活动，本身是十分圣洁的活动。除实事求是外，必须要

以尊重和保护知识产权为前提。

四是团结合作。诸多创新活动是庞大的工程。特别是在当今时代，即便是许多个体式、自由式的创新，也需要以多种形式参加各种交流。因此，张扬个性绝不排斥甚至更需要合作。要通过合作达到取长补短、集中智慧、触类旁通之效果。因此，合作意识是有个性、有主见的高水平创新者们所具备的基本品质。

总之，我国构建创新文化机制，可以概括为：尊重个性，彰显特长，平等竞争，恪守诚信，激励探索，提倡冒尖，善于合作，宽容失败。

和谐是中华传统文化的要义和精髓，优秀的文化遗产，我们必须继承并发扬光大。然而，我们也要清醒地认识到，传统的官本位文化在现实生活中仍有着广泛的影响，往往在强调和谐的同时，却制约了个性；在着重道德修养的同时，却束缚了创新精神的发挥。因此，应把加强创新文化建设作为推进企业知识产权建设的前提条件，作为增强国家软实力的不竭精神动力。

（二）构建企业能动机制

要以中小企业自身建设为主体，强化知识产权和创新意识，积极培训引进知识产权人才，将知识产权工作纳入企业战略管理，重点抓好专利和商标工作，充分发挥中小企业自身的能动作用。

国家知识产权局局长田力普曾经指出，企业担当着知识产权的创造、应用和实施主体的角色，国家知识产权的价值实现要通过企业来完成，主要表现为企业自主创新能力和核心竞争力的提高。由此进一步说明，中小企业知识产权建设的主体就是中小企业自身。

1. 中小企业要强化创新和知识产权意识，培育知识产权文化

中小企业要使自身拥有自主知识产权，真正成为知识产权创造、运营、保护和管理的主体，其首要条件是拥有知识产权意识，而这种意识的产生又缘于创新文化。所以，搞好以"创新"为主要内容的企业文化建设是我国中小企业知识产权建设的当务之急。

一个企业能够树立起崇尚创新、尊重知识产权文化的企业文化氛围，是它成为业内企业知识产权样板的基础。这就要求在企业内部要普及知识产权知识。

首先，企业决策层要高瞻远瞩，要尤为熟悉并重视知识产权，能够认识到知识产权对企业发展的极端重要性。

其次，培养各层管理人员和技术人员的知识产权意识和相关知识，使他们能够意识到尊重知识产权的重大意义。

最后，让企业的每一个员工都了解知识产权，使其在工作中避免滥用知识产权或者侵犯他人知识产权。这一点要向国外某些公司（如德国大众公司）那样，对企业分工不同的部门都施以多元化的知识产权教育。大众公司把知识产权教育作为新员工进入公司后必修的第一课，在其后工作的三到五年之内，使知识产权知识及相关法律规定"深入人心"。

为了提高效果，中小企业在开展知识产权的宣传、普及、教育、培训工作的同时，还要积极营造一种学习氛围和鼓励创造的内部环境，努力打造知识产权文化，并用知识产权文化来替代或消除传统文化对技术创新的不利影响。比如，对知识产权建设能够提出合理化建议的，或者做出突出贡献的员工，应该给予重奖。

从广泛意义上讲，尊重并强化企业的知识产权意识并培育知识产权文化，不仅可以有效遏制盗版和仿冒行为的发生，而且对提升企业形象和市场竞争力也具有重要的战略意义。

2. 建立人才培养机制，积极培训和引进知识产权人才

由于知识产权工作具有很强的专业性，势必要求企业要拥有开发、运营、保护和管理方面的专业人才。这样的人才既要熟悉知识产权相关的法律知识，又要能够灵活应对知识产权方面的纠纷与诉讼，而且还能够准确把握本企业所从事行业的国内外前沿技术市场与产品市场的发展动态。然而对于我国大多数中小企业而言，这种复合型的知识产权人才相当匮乏。

因此，中小企业要建立人才培养机制，一方面要求中小企业要充分利用企业现有的内外条件，积极培训知识产权人才，并充分发挥他们的聪明才智；另一方面也要通过多种方式来引进知识产权人才，如知识产权经济分析人才、知识产权技术人才，以及知识产权法律人才等。

3. 将知识产权工作纳入中小企业常规战略管理

加强企业知识产权建设，必须将其纳入中小企业常规战略管理。首

要工作是建立知识产权制度。应该明确，企业知识产权制度是企业发展的重要制度之一，关乎企业知识产权工作能否顺利有效开展。其基本使命是保障企业能够沿着企业知识产权管理目标运行。

企业知识产权制度应当包括企业知识产权的管理办法、企业知识产权管理机构的设置和职责制度、企业知识产权的年度和部门的工作计划制度、企业知识产权的培训和教育管理、合同管理、绩效管理等制度，以及奖惩、保密和档案制度等内容。

由于人力资源市场具有双向选择性，中小企业从业人员具有很强的流动性是一个普遍存在的不容忽视的问题。建立健全和完善知识产权制度能够使中小企业大大降低因技术人员变动给其造成的不必要的知识产权流失风险，保障中小企业知识产权工作正常有序进行。

其次是中小企业应建立符合本企业实际情况的知识产权管理机构、配备专职人员并明确其职责。对中小企业来说，其管理机构可以是独立的，也可以是与本企业其他机构合并在一起，但要注意有助于企业知识产权管理职能的有效履行。

4. 重点抓好专利和商标工作

中小企业在全面开展知识产权工作的同时，应重点抓好专利和商标工作。

第一，我国中小企业主要应在专利及其产品化方面下功夫。对于多数企业来说，采取模仿创新（即非简单模仿，而是在模仿基础之上的再创新），恐怕是一种明智的选择。其实，自主创新与模仿创新之间并没有不可逾越的界线。在知识产权法律的框架内，如果处理得当，利用模仿创新同样可以取得知识产权。

中小企业在知识产权运营和管理中，要适时转变思路，由传统的应用知识产权盈利模式（即通过使用自己的专利来获取利润），转移到通过专利许可、转让形式来赚取利润，这对于有技术但缺乏产业化资金的中小企业尤为实用，可以减小风险，以利于中小企业的再创新。

第二，中小企业要牢牢把握参与国内外市场竞争的主动权，努力打造和发展一批具有市场潜力的新商标和具有国际国内影响的优质商标。商标对中小企业而言是非常重要的知识产权，是企业的一种非技术性的竞争资源。美国著名广告研究专家 Larry Light 称："未来的营销是品牌

的战争，是品牌互争长短的竞争。"菲利普·科特勒把是否拥有对品牌
的创造、维持、保护和扩展的能力视做区别专业营销者的最佳方式。一
个知名品牌能持续为企业带来巨大的价值和无限商机。

中小企业在市场竞争中处于弱者地位，建设初期一定要有品牌意
识，及时申请商标注册，或者通过其他方式（如转让等）获得品牌建
设的核心，唯有注册商标之后排除了法律风险，才有可能谈及企业品牌
建设。

目前，可供中小企业选择的品牌创建模式较多，如无品牌战略、
"贴牌"战略、品牌共享战略、区域品牌战略、自创品牌战略等。创建
品牌是绝大多数中小企业发展过程中的必经之路。在全球化和激烈的科
技竞争中，中小企业应根据自身发展阶段和所处行业特点，采取适宜的
品牌战略。我国多数中小企业依赖"贴牌"生产，那仅仅是座"桥
梁"，更是权宜之计。从长远来看，中小企业应该在贴牌中学会创造自
己的品牌，不断提升自主品牌在国际国内市场上的知名度、美誉度和认
可度，注意创造和建立品牌的附加值，切实提高自主品牌的公众形象和
价值，实现从"中国制造"向"中国创造"的转变，只有把自主品牌
做大、做强了，才能在国内外竞争中赢得主动。一般而言，专利技术是
自主品牌的保障，而企业自己的品牌是获取市场的重要通道。

（三）构建政府主推机制

以政府为主导，加速建立区县级企业知识产权的综合管理机构，完
善知识产权法律体系，加强知识产权公共服务，建立知识产权预警机
制，制定并出台完备的中小企业知识产权建设政策扶持体系，健全服务
职能并引导相关要素向企业聚集，充分发挥政府对中小企业知识产权建
设的推动功能。

1. 加速建立区县级企业知识产权的综合管理机构

在我国新一轮的政府机构改革中，当务之急就是改革传统的知识产
权分散管理模式，要设立针对企业知识产权建设工作的综合管理机构，
对专利、商标和版权等实行统一归口管理，提高政府工作效率。现在看
来，这项工作可能会遇到一定的难度，但是，目前建立区县级企业知识
产权的综合管理机构，还是有可能的。

在这方面，我国各地的高新区政府的典型经验可以借鉴，即实现了

对专利、商标和版权等实行统一归口管理，一方面提高了工作效率，另一方面也使企业知识产权建设工作有了可以依托的"娘家"。为此，笔者建议，应加速建立区县级企业知识产权的综合管理机构，使本级所辖企业的知识产权建设工作都有明确的政府管理依托和推进主体。

2. 完善知识产权法律体系

（1）根据企业及产业发展的需要，对现有知识产权相关法律法规进行梳理和完善。以下几点需要注意：一是如果我国要继续发挥实用新型专利的作用，授权范围就应该考虑为国内企业留有改进创新的空间。二是要在加强知识产权保护的同时，尽快制定防止滥用知识产权的反垄断法律法规，在反垄断法当中加上防止滥用知识产权的内容，并且制定统一适用的限制滥用知识产权细则。三是特别要加强对我国具有优势的中医药、传统资源、遗传资源等新型知识产权的保护、立法和执法工作；吸收企业和产业界参与法律制定过程，改进立法程序，增强透明度，提高立法质量。

（2）建议应尽快出台《中小企业知识产权建设条例》，使中小企业知识产权建设早日纳入法制化轨道。

中小企业知识产权建设的一般性和共性问题，应该在《中小企业知识产权建设条例》中有所体现。行将构建的《中小企业知识产权建设条例》，应由总则、主体部分和附则三部分组成。

总则部分要体现：第一，中小企业知识产权建设的宗旨是充分保护中小企业的权益，提高中小企业的竞争力，维护市场秩序，促进中小企业又好又快发展，充分发挥中小企业促进经济社会发展的作用；第二，中小企业知识产权建设就是指中小企业围绕着知识产权的开发（创造）、运营、保护和管理四个方面开展的系列性活动；第三，促进中小企业知识产权建设在国民经济和社会发展中的重要地位和意义；第四，中小企业知识产权建设的总体要求。

主体部分包括：第一，明确规定中小企业知识产权建设的主客体及其对各相关主体的基本要求；第二，对中小企业知识产权管理体制（组织、职能等）进行规范；第三，明确国家促进中小企业知识产权建设政策的基本原则，如政府主导与市场导向相结合的原则、分类指导与重点突破相结合的原则、直接政策与间接政策相结合的原则等；第四，明确规定国家对中小企业知识产权建设的相关政策扶持，如相关金融政策、相关财税政策、相关科技信息政策、相关人才政策等；第五，解决"我国中小企业知识产权中介机构旺盛的市场需求和提供服务不足"的矛盾，规范中小企业知识产权中介机构的服务职能；第六，对中小企业知识产权建设中的不规范行为追究法律责任；第七，加强知识产权建设各相关主体间的协调。

附则部分包括：《中小企业知识产权建设条例》解释机关及施行日期。

3. 加强知识产权公共服务，建立知识产权预警机制

首先，政府要加强基础设施建设。加大对知识产权公共信息网络建设和服务的资金投入力度，重点支持公共基础信息的提供，可以委托社会中介提供增值信息服务，但要建立公平地获得基础公共信息的机制，防止少数中介垄断公共信息资源。

其次，要建立知识产权管理部门之间的有效沟通机制，采取多种形式建立政府与企业沟通的通道。

再次，要建立知识产权信息调查系统和各部门共享的信息网络系统。加强与知识产权相关的信息统计和数据库建设，为政策研究和决策提供科学依据。

最后，政府要为中小企业创新和申请专利提供指导和服务。鼓励中小企业创新，适当实行税费减免，建立大企业向中小企业转移技术激励机制，强化对小微企业知识产权信息服务和管理上的指导。

4. 制定并出台中小企业知识产权政策扶持体系

建立政策体系的初衷是解决目前制约中小企业知识产权建设的制度缺失、政策缺位、资金短缺、管理不善、技术落后、信息闭塞和人才匮乏等障碍，其主旨在于提高企业的知识产权开发、经营、保护、管理能力和技术创新能力，进而使中小企业的经济效益有所提高并促进区域经济快速增长。政府是中小企业知识产权建设的推进主体，也是中小企业知识产权政策的制定主体，广大中小企业则是政策作用的客体。

建议政府及早制定并出台《我国中小企业知识产权建设政策体系》（以下简称为《政策体系》）。政策体系是与促进和保护中小企业知识产权相关的一系列国家政策，它不应该是金融政策、财税政策、科技信息

政策、产业政策、区域政策、贸易政策的简单拼凑，而应该是以企业知识产权建设为核心内容，对与其相关的要素开展创造性研究，最终凝练出的具有可操作性的研究成果或实施方案，为保护我国中小企业知识产权与促进经济社会发展目标的协调统一提供有力保障。

《政策体系》的实施，通常需要先经过试点，对其不具备可操作性或可操作性差的政策措施进行修改后再行推广。该体系一般包括以下内容：

第一，金融政策。中小企业在专利的申请及维护、商标的注册及维护、软件开发及保护、科技信息的取得、人才培训及引进等方面，都需要大量的资金投入。中小企业金融政策就是为了扩大中小企业资金来源、拓宽中小企业融资渠道，为中小企业知识产权建设"排忧解难"、提供资金扶持。

金融政策的内容可包括：一是建立专门为中小企业知识产权建设和技术创新服务的金融机构，或者开发专门用于中小企业知识产权建设和技术创新业务的金融产品。二是吸引社会金融资源向中小企业转移，为中小企业提供有效融资供给。制定有利于向中小企业投资、融资的税收政策以便平衡金融资源在不同企业之间分配所产生的收益差距。设立财政补贴基金，对从事中小企业投资、融资机构的损失给予必要的补贴。鼓励面向中小企业的风险投资或为中小企业设立风险基金等。三是建立中小企业信用担保体系，为中小企业融资担保服务，以化解和防范金融机构贷款所可能带来的风险。借鉴日本、韩国的经验，尽快出台有关中小企业贷款担保制度的立法，如，可以考虑出台《中小企业信用担保法》。建立多层次的中小企业信用担保体系，建立政策性担保公司、合作制担保公司和商业性担保公司，① 实施中小企业知识产权抵押融资政策（如专利融资、商标融资）。建立担保资金补充制度。建立担保机构与商业银行风险共担机制。四是建立中小企业联合辅导中心，为中小企业解决经营、管理、技术和市场等方面的问题。五是尽快出台支持中小企业发展的金融法律法规，以法律形式来规范政府、中介机构和中小企

---

① 袁红林：《完善中小企业政策支持体系研究》，东北财经大学出版社 2010 年版，第178 页。

业以及金融机构等各方的权利和义务、融资办法和保障措施，为中小企业融资提供法律保障。

第二，财税政策。财税政策的目的在于财政上通过多样化的支持形式，改变现行财政支持只是维持中小企业低水平生存的"输血式"补助的现状，运用财政补贴的同时，继续加大贷款援助和政府采购支持力度，运用税收优惠和减免等措施激励企业做好知识产权工作，提高支持中小企业发展的财政政策的政策效益。

（1）要运用财政资金构建中小企业服务体系。一是将对中小企业的直接补贴改为间接补贴。二是通过多种方式为中小企业解决融资瓶颈。三是加大财政对中小企业研发的补贴力度，以财政投入为引导，吸引大型企业、银行及社会资金，设立产学研专项合作基金，构建"官、产、学、研"较全的 R&D 投入格局，推动中小企业技术创新。四是探索有效方式（如制定相关的有利于中小企业进入政府采购市场的法律法规、政府制定差别化标准等），鼓励中小企业参与政府采购。五是积极运用财政手段，通过一定的补贴来促使中小企业加入社会保障体系。

（2）完善中小企业税收政策。一是完善中小企业所得税和增值税制度，建立规范的非税收入管理机制，建立税收优惠政策实施评估与监督体系，提高优惠政策实施效率。在制定税收优惠政策时，要彻底改变传统的"只计眼前利益，不计长远利益"的盲目做法，要认识到暂时的税收减少将来会给国家带来更丰厚的利益回报。在税收政策上可以采取不同的征税标准，对于企业从事专利研发及产业化等创新行为，视具体情况实行差别税率、减税甚至免税。二是企业的创新产品可优先纳入政府采购并享有一定的优惠政策。

第三，科技与信息政策。政府制定科技信息政策的目的在于为中小企业知识产权建设和技术创新提供科技投入和技术创新政策的支持。其主要内容包括：一是以知识产权创造战略为指导，推进科技投入多元化、市场化进程。二是引导、激励中小企业逐步成为科技投入的主体，在金融政策支持下，大幅度增加科技贷款规模，建立科技风险投资机制。三是建立健全保障和促进技术创新的知识产权法律法规，调整和健全与创新相关的知识产权管理体制。四是建立以鼓励自主创新为核心的奖励激励机制，将知识产权与科技奖励、市场激励与政府奖励结合起来，营造良好的科技创新激励环境。① 同时，不断提高科技领域的中小企业知识产权保护与利用水平。科技信息包括世界科技前沿、国外科技政策、我国的科技创新政策、专利的申请检索、商标的注册检索、产学研结合动态，等等。

第四，产业政策。政府根据中小企业自身特征和产业发展特点，通过鼓励和限制性的产业政策，为中小企业营造公平的市场环境，扩大中小企业集聚效应，促进中小企业区域协调发展，加大产业调整力度，着力扶持市场前景看好、竞争潜力巨大的产业，推动产业创新，充分发挥产业创新这一产业转型升级的核心动力功能。因产业创新是全方位多层面的系统概念，来自政府方面的帮助对其有重要影响，如发展高新技术产业。政府制定高新技术产业促进政策，把提高具有发展潜力的科技型中小企业的自主创新和经济竞争能力、拥有知识产权、实现商品化产业化作为主要目标，给予财税、信贷和采购等政策上的重点扶持，将科技型中小企业的知识产权申请、管理及利用制度与财税、信贷和政府采购等政策摆在同样重要的位置。

第五，贸易政策。促进实施知识产权兴贸工程，建立以中小企业为主体、以市场调节机制为基础、由政府来引导的知识产权创造、管理、保护与运用互动创新体系，提高中小企业对引进技术的消化、吸收和创新能力，鼓励和支持具有自主知识产权和自主品牌的产品出口，促进对外贸易增长方式的转变，为我国实现从贸易大国向贸易强国的跨越提供强有力的政策支撑。

第六，文化政策。一是要制定有关文化事业发展、文化产业发展、文化市场发展、社会文化事业发展和图书馆事业管理的规划和促进政策。二是对我国现有的大量优秀历史文化遗产和"非物质文化遗产"进行知识产权法律保护。积极保护和开发民族民间文化资源，协调区域间文化事业发展的侧重点。三是加快推进文化产品的市场化和产业化进程，建立良好的产权交易市场和健康、有序、多层次的文化市场。四是加强知识产权相关政策法规的建设，尽快完善文化产业知识产权登记制度和相应的执法体系和司法体系，充分利用知识产权规则保障公益性文

---

① 吴汉东：《政府公共政策与知识产权制度》，《光明日报》2006 年 10 月 10 日第 9 版。

化事业的正常健康发展。

　　第七，教育培训政策。其目的在于政府出资为企业培训知识产权人才。其内容包括：一是要充分利用政府财政投入与社会公共投入，促进高等学校知识产权理论研究成果产业化，进而促进"产—学—研"良性循环。二是优化对中小企业知识产权执法和管理人员的培训政策，对企业经营者、科技人员和技术骨干等不同层次人员运用和保护知识产权的可操作性进行培训，加强大学层次的专业人才培养和非专业人员的普及教育，在中小学增设有关知识产权普及教育课程，建立中小企业知识产权专业人才管理制度，培养和建立素质较高、有较强敬业精神和能够严格自律的知识产权专业队伍，完善知识产权人才引进政策等。

　　第八，人才激励政策。要建立科研人员配套奖励机制，建立健全知识产权人才培养体系。我国要彻底改变以往在高校、科研机构中"重论文、轻专利；重成果、轻转化"的政策激励导向。诚然，改变这种政策激励导向，涉及观念与体制问题，绝非易事。但是，从政府层面做起，对在企业知识产权建设和技术创新领域做出突出贡献的科技人员（包括企业、高校、科研机构、社团中的科技人员）和企业家给予重奖，是可以做到的。应该看到，当前，政府对于高校、科研机构的影响力还是足够强大的。

　　5. 健全政府服务职能并引导相关要素向企业聚集

　　政府在推进中小企业知识产权建设方面，除了需要加速建立区县级企业知识产权的综合管理机构，制定和实施《政策体系》，还要健全服务职能并引导相关要素向企业聚集。

　　第一，构建我国知识产权市场。构建知识产权市场以便于某区域（省、市、县）企业（间）、高校、科研机构、中介服务机构、社团、个人等主体之间的知识产权，有一个可以进行公开、平等、合法交易的平台。目前来看，我国知识产权交易多数借助于省级知识产权市场，而市县级知识产权市场几乎是"空白"。这显然不够"得体"、也不够顺畅，不利于推进中小企业知识产权建设工作。

　　第二，充分发挥行业协会的作用，使中小企业反弱为强。行业协会是指介于政府与企业之间、商品生产与经营者之间，为其提供服务、沟通、咨询、监督和协调的社会中介组织。根据国际的实践经验，行业组织在保护国内产业、支持国内企业增强国际竞争力方面，起着重要的协调作用。现代社会正在逐步完善"政府—行业协会—企业"三位一体的管理模式。近些年来，在我国企业与国外企业之间经常发生行业性的知识产权纠纷事件，类似这样的事件交给行业协会负责协调效果会更好。政府要致力于培育、引导、规范和发挥行业协会组织的作用。发挥行业协会自律组织的功能，利用它来解决知识产权纠纷和争端。发挥其沟通政府与企业的桥梁作用，建立行业协会与其主管部门的沟通机制。事实表明，力量薄弱的中小企业应对频频发生的国内外知识产权纠纷时，常常力不从心。而将企业组织起来的行业协会不但可以发挥沟通的作用，而且还可以增强中小企业解决知识产权纠纷的力量。

第三，引导并支持中介机构对中小企业知识产权建设工作开展服务。在中小企业运用知识产权能力不足的情况下，发挥知识产权代理和律师等专业机构和人员的作用特别重要。要针对中小企业知识产权中介服务机构的特点，制定相应的法律来规范中小企业知识产权中介服务机构，促进中小企业知识产权中介服务市场竞争，依法处理中介机构谋取不正当利益的行为，充分发挥专利中介服务队伍的积极性，帮助中介服务机构和队伍解决发展中遇到的困难和问题。给予符合条件的开展科技咨询和技术服务的科技中介机构以营业税、所得税等方面的适当减免优惠政策。

第四，引导并支持产学研合作或其他类似合作，为中小企业知识产权建设提供技术或人才支撑。

（四）构建中介服务机制

以知识产权中介机构为纽带，增加其数量，规范其行为，发挥其对中小企业的服务沟通作用。充分发挥各类知识产权中介服务组织的桥梁和纽带作用，发挥其在中小企业知识产权宣传、培训、代理、评估、交流合作、社会责任、法律咨询等方面的服务作用，将会极大促进我国中小企业知识产权建设事业的振兴。

解决"我国中小企业知识产权中介机构旺盛的市场需求和提供服务不足"的矛盾，可以从增加知识产权中介机构的数量、规范知识产权中介机构的行为和发挥知识产权中介机构的服务沟通作用等三个方面入手。

1. 增加知识产权中介机构的数量

针对中小企业中介机构数量严重不足的情况，应采取得力措施增加中小企业知识产权中介机构的数量。解决这一问题，一要降低机构审批"门槛"，只要符合执业条件的，就应"无条件"批准。二要积极引导相关中介机构，由原有业务服务转向为知识产权业务服务。三是鼓励并支持具有一定资质的科技人员，通过"合伙"或"合作"开办知识产权中介机构。

2. 规范知识产权中介机构的行为

要想充分发挥中介机构的服务职能，必须要规范好知识产权中介机构的行为。我国在知识产权中介机构市场准入过程中，对知识产权中介机构的资格认定一般都实行前置式审批制度，即设置知识产权中介机构的准入条件，符合条件的才能取得机构的营业资格。但由于目前我国知识产权中介机构的发展还处于起步阶段，随着市场机制的完善，将会有大量的知识产权中介机构进入市场，需要知识产权主管部门对它们进行后置式全面监督，而不能单单依靠工商及其财务年检。只有这样，才能对知识产权中介机构的市场竞争行为予以有效规范，才能发挥其服务沟通功能。

因此，我国通过立法（包括地方性法规）来规范知识产权中介机构的行为，对其性质、职责范围和权利义务等做出清晰的界定，不仅必要，而且是当务之急。

3. 发挥知识产权中介机构对企业的服务沟通作用

首先，我国知识产权中介机构必须要大力培养知识产权（主要是商标、专利）代理人才，造就一支既精通高科技、前沿知识，又熟悉经济、法律和外语，还懂得知识产权国际规则的高水平、高质量的服务人员队伍，为我国中小企业在国内外申请专利和商标注册代理提供及时、有效的服务。

其次，知识产权中介机构可以作为中介代理通过采取某种非法律手段解决一些中小企业之间的知识产权纷争，减少因诉讼而给中小企业造成的资金压力和经营挫折。

最后，中介机构又是企业与政府沟通的重要通道，政府可以通过中介机构的合理化建议修订或制定对企业相应的支持政策，同时企业也可以借助知识产权中介机构来了解政府的知识产权优惠政策。

（五）构建科技支撑机制

以产学研相结合为途径，发挥高校、科研机构对于促进中小企业知识产权建设的科技支撑作用。我国中小企业科技短缺或落后的现状，需要借助高校与科研机构的科技优势来支撑，"产学研相结合"模式是最佳的选择。

1. 中小企业要善于借助大学、科研院所的力量，解决人才短缺问题

我国高校和科研单位，拥有大量人才，而且实力比较雄厚。一些综合性大学不仅拥有技术创新人才，还有许多法律、信息等相关人才。中小企业可以采用"借脑"的方法，通过产学研合作来培养中小企业自己的知识产权或技术创新人才，为中小企业的持续发展提供动力。

2. 在明确责、权、利的前提下，要加强产学研三方的合作

在三方合作之初，各方一定要订立产学研合作合同，明确知识产权的归属。在合作的具体程序上，要使各方当事人的责权利明晰化、规范化，真正形成"风雨同舟"的成败有机结合的机制，要把产学研合作看成是双方（三方）之间优势互补、利益共享、风险共担的相互责任行为。

在产学研合作中，当出现高校、科研机构与中小企业双方价值取向不一致（学校、科研机构通常注重学术成果，企业则更注重经济效益）时，可能会造成合作的半途而废。这方面的教训很多，也很深刻。解决这一问题，还需要制度（合同）上的保障以及政府的协调。再者，专利技术成果立项时必须以市场为导向，能否瞄准市场需求，在某种程度上决定着企业与合作方的成败与否。

结　语

中小企业在国民经济和社会发展中的重要地位毋庸置疑。但最近几年，我国中小企业在发展中遇到了诸多前所未有的棘手问题，陷入了经营困境。中小企业欲顺利摆脱各种经济风险、保持基业长青并永葆核心竞争优势，必须不断提升企业自身的实力，"软实力和硬实力有机结合"是增强中小企业实力的重要"法宝"，而政府为中小企业提供知识产权政策支持是提升中小企业软实力的重要保证。

国内外经验表明，加强中小企业知识产权建设，构建中小企业知识产权政策体系整体框架势在必行。但构建并实施中小企业知识产权政策体系绝非一朝一夕之功，它是一项长期的、庞大的、系统的工程，需要各方协同努力。中小企业要主动出击以自强，在着力夯实硬实力的同时，更要苦练"内功"，真正打造并提升自身软实力。政府提供知识产权政策支持，犹如"雪中送炭"，会稳步地提升中小企业竞争力乃至抵御经济环境风险的能力。

本书从逻辑上看，分为上、下两篇。

上篇（前五章）从阐述促进我国中小企业知识产权建设的意义和基础理论入手，阐述中小企业知识产权建设的基础和核心理论，分析了我国中小企业知识产权建设的背景、问题及原因，论述了典型国家中小企业知识产权建设经验及其对我国的启示。

下篇（后三章）基于中小企业知识产权政策体系概念界定与我国政策沿革与问题的分析，设计并论述了行将构建的我国中小企业知识产权（建设）政策体系的特征、需求与借鉴，最终提出了我国中小企业知识产权（建设）政策体系的构建原则和基本框架。

　　笔者认为，构建中小企业知识产权政策体系基本框架包括构建"五大机制"。其总体要求是：行将构建的中小企业知识产权政策体系要紧紧围绕构建"五大机制"进行，需要构建一个集"以创新文化为引领、以中小企业自身建设为主体、以政府推进为主导、以中介机构服务为纽带、以产学研合作为支撑"五位一体的中小企业知识产权政策推进体系，进而形成能够有效推进中小企业知识产权建设的新格局。围绕"五大机制"，笔者又提出了具体的对策建议。

　　需要指出的是，由于笔者水平所限，对开展我国中小企业知识产权建设政策体系研究尚不成熟、还没有完全把握，有些认识（如建议出台《中小企业知识产权建设条例》等）还比较粗浅，需要在以后的学习和研究中进一步提高。

参考文献

［1］ 胡锦涛：《高举中国特色社会主义伟大旗帜，为夺取全面建设小康社会新胜利而奋斗——在中国共产党第十七次全国代表大会上的报告》，人民出版社 2007 年版。

［2］ 万兴亚：《中小企业成长原理与方略》，人民出版社 2005 年版。

［3］ 宋阳：《基于商业生态系统的中小企业成长机制研究》，博士学位论文，中国矿业大学管理学院，2009 年。

［4］ 万兴亚、许明哲：《中国中小企业成长及软实力建设》，中国经济出版社 2010 年版。

［5］ 马春芳：《中小企业政策体系国际比较研究》，硕士学位论文，黑龙江大学经济与工商管理学院，2003 年。

［6］ 中小企业司：《工业和信息化部等四部门印发〈中小企业划型标准规定〉》，http：//www. miit. gov. cn/n11293472/n11293832/n11293907/n11368223/13912671. html。

［7］ 陈乃醒、郭朝先、丁毅：《中小企业成长》，民主与建设出版社 2001 年版。

［8］ ［日］ 清水龙应：《企业成长论》，中央编译出版社 1984 年版。

［9］ 陈佳贵等：《企业经济学》，经济科学出版社 1998 年版。

［10］ 孙学敏：《中小企业成长的实质及成长路径》，《郑州大学学报》（哲学社会科学版）2004 年第 7 期。

［11］ 许萍萍：《JF 公司发展战略探索》，硕士学位论文，厦门大学，2008 年。

［12］ 沈海峰：《我国中小企业发展的瓶颈问题与对策分析》，硕士学位

论文，华东师范大学，2006 年。

[13] 李正华：《企业知识产权保护策略研究》，《商业研究》2004 年第
　　　21 期。

[14] 孙斌、吴松强：《企业知识产权保护的博弈分析》，《企业经济》
　　　2009 年第 9 期。

[15] 王立诚、许必元、李海燕、严小生：《企业知识产权保护战略研
　　　究》，《企业经济》2005 年第 4 期。

[16] 徐雯：《跨国企业知识产权管理战略及其启示》，硕士学位论文，
　　　东北财经大学工商管理学院，2007 年。

[17] 陈珊珊：《我国医药企业知识产权管理研究》，硕士学位论文，武
　　　汉理工大学管理学院，2006 年。

[18] 冯晓青：《企业知识产权战略》（第 3 版），知识产权出版社 2009
　　　年版。

[19] 戴励盛：《我国企业知识产权管理研究》，硕士学位论文，南京理
　　　工大学，2006 年。

[20] 何敏：《企业知识产权保护与管理实务》，法律出版社 2002 年版。

[21] 高永琳：《我国企业知识产权资产管理研究》，硕士学位论文，上
　　　海海运学院，2003 年。

[22] 金芳：《企业知识产权管理：战略规划和组织制度建设》，硕士学
　　　位论文，大连理工大学，2004 年。

[23] 罗琼：《论企业知识产权管理制度的构建与运作》，硕士学位论
　　　文，上海交通大学，2006 年。

[24] 金哲：《企业知识产权运作与保护管理研究》，硕士学位论文，华
　　　中科技大学，2007 年。

[25] 陈谊：《中外生物制药行业专利战略比较研究》，《电子知识产权》
　　　2004 年第 3 期。

[26] 郭丽娜：《面向企业技术创新的知识产权战略实施体系研究》，硕
　　　士学位论文，东北大学，2008 年。

[27] 万迪、王光全：《我国企业知识产权保护的策略分析》，《科研管
　　　理》1997 年第 7 期。

[28] 吴汉东、肖志远：《入世后的知识产权应对——以专利战略为重

点考察对象》,《国防技术基础》2002 年第 4 期。

[29] 陈美章:《对我国知识产权战略的思考》,《知识产权》2004 年第
1 期。

[30] 范再峰:《企业知识产权战略论要》,《河北法学》2004 年第
6 期。

[31] 李培林:《企业知识产权战略研究综述》,《经济经纬》2006 年第
6 期。

[32] 夏清瑕、盛黎:《中国知识产权战略思考》,《西南民族大学学报》
(人文社科版) 2004 年第 10 期。

[33] 冯瑞琳:《企业知识产权》,《河北工程大学学报》(社会科学版)
2008 年第 3 期。

[34] 李顺德:《中国企业知识产权战略》,《安徽科技》2005 年第
2 期。

[35] 冯晓青:《企业知识产权战略管理研究——以战略管理过程为视
角》,《科技与法律》2008 年第 5 期。

[36] 罗建华、翁建兴:《论我国企业知识产权战略管理体系的构建》,
《长沙交通学院学报》2005 年第 2 期。

[37] 吴汉东:《中国企业知识产权的战略框架》,《法人杂志》2008 年
第 3 期。

[38] 王岩云:《企业知识产权战略系统论》,《经济与管理》2005 年第
10 期。

[39] 彭学龙:《企业知识产权一体化研究》,《工作研究》2006 年第
3 期。

[40] 胡露露:《基于市场导向的我国企业知识产权战略研究》,《商场
现代化》2006 年第 9 期。

[41] 朱婀丹:《我国中小企业知识产权战略模式选择》,《山西科技》
2006 年第 2 期。

[42] 史海峰:《我国中小软件企业知识产权战略》,硕士学位论文,对
外经济贸易大学,2007 年。

[43] 革明鸣:《我国中小型高新技术企业知识产权战略研究》,硕士学
位论文,武汉理工大学,2008 年。

［44］ 胡开忠：《高新技术企业的知识产权战略》，《中国高新区》2007年第 4 期。

［45］ 王妙玲：《高科技企业知识产权战略》，《法制与社会》2007 年第2 期。

［46］ 周晓辉：《高科技企业竞争与发展的利器——浅谈企业知识产权战略》，《安徽科技》2003 年第 3 期。

［47］ 张健：《高新技术企业的知识产权战略探讨》，《天津经济》2004年第 12 期。

［48］ 黄微、王琳娜、孙骞：《我国企业知识产权战略研究述评》，《情报科学》2009 年第 8 期。

［49］ 孙伟、姜彦福：《企业知识产权战略架构及其选择模型——基于战略管理的视角》，《科学学与科学技术管理》2009 年第 2 期。

［50］ 贾晓辉：《TD-SCDMA 知识产权战略分析》，博士学位论文，北京邮电大学，2007 年。

［51］ 田志萍：《吉林省中小企业政策支持体系建设研究》，硕士学位论文，吉林大学行政学院，2008 年。

［52］ 李颖明、姜长云：《国外农村中小企业政策支持和服务体系建设——研究进展视角》，《经济管理》2009 年第 1 期。

［53］ 陈心德、邱羚：《完善中小企业政策和服务体系的系统思考》，《系统科学学报》2010 年第 1 期。

［54］ 李玮：《日本中小企业政策法律支持体系的特点及借鉴》，《亚太经济》2007 年第 9 期。

［55］ 吴占坤、赵英姝：《齐齐哈尔中小企业政策支持体系构建研究》，《黑龙江科技信息》2010 年第 4 期。

［56］ 沈友华、王多慈：《合肥市支持中小企业政策体系研究》，《中小企业管理与科技》（下旬刊）2010 第 7 期。

［57］ 张俊伟：《从四个方面入手完善中小企业政策体系》，《重庆工学院学报》（社会科学版）2009 年第 10 期。

［58］ 梁枫：《中国零售银行发展的系统分析与策略研究》，硕士学位论文，山西财经大学，2006 年。

［59］ 高健：《有关中小企业差异化竞争战略实施途径选择的研究》，硕

学位论文，上海大学，2007 年。

［60］黄景阳：《泉州中小企业二次创业的研究》，硕士学位论文，厦门大学，2001 年。

［61］《四部门负责人就〈中小企业划型标准规定〉答记者问》，《中小企业管理与科技》（中旬刊）2011 年第 7 期。

［62］贾岩：《用足用好资金支持和税收政策：助力企业发展》，《商用汽车》2012 年第 4 期。

［63］孟宪平：《自主创新：客观趋势、理念定位和路径选择》，《延边大学学报》（社会科学版）2008 年第 2 期。

［64］吴汉东：《中国应建立以知识产权为导向的公共政策体系》，《中国发展观察》2007 年第 5 期。

［65］马克思：《资本论》第 1 卷，人民出版社 1975 年版。

［66］许兴亚、王丽娜：《马克思的劳动价值论和生产劳动理论与我国社会主义社会的劳动和价值》，《河南大学学报》（社会科学版）2004 年第 4 期。

［67］刘冠：《基于自主创新的江苏创业企业成长研究》，硕士学位论文，南京财经大学，2008 年。

［68］郑锋：《产业技术创新能力评价研究》，《商场现代化》2008 年第 8 期。

［69］耿丽萍、李明：《煤炭企业技术创新研究》，《煤炭技术》2011 年第 5 期。

［70］傅家骥：《技术创新学》，清华大学出版社 1998 年版。

［71］雷宇：《企业家、企业家导向与技术创新：越商案例》，《绍兴文理学院学报》2009 年第 1 期。

［72］徐春英：《中国中小企业技术创新问题研究》，硕士学位论文，首都经济贸易大学，2003 年。

［73］冯志军：《黑龙江省装备制造业企业技术创新能力和效率的研究》，硕士学位论文，哈尔滨工程大学，2009 年。

［74］褚盈：《论知识产权与技术创新的关系》，《科技成果纵横》2010 年第 6 期。

［75］盛辉：《知识产权保护与技术创新的双向作用机制》，《科技管理

研究》2009 年第 4 期。

[76] Chesbrough, H., *Open innovation, the new imperative for creating and profiting from technology*, Harvard: Harvard business school press, 2003.

[77] 王黎萤:《中小企业知识产权战略与方法》,知识产权出版社 2010 年版。

[78] 雷家骕、冯婉玲:《知识经济学导论》,清华大学出版社 2001 年版。

[79] 姚王信:《企业知识产权融资研究:理论、模型与应用》,博士学 位论文,天津财经大学,2011 年。

[80] 吴汉东:《中国知识产权法制建设的评价与反思》,《中国法学》 2009 年第 1 期。

[81] 吴汉东主编:《中国知识产权蓝皮书(2007—2008)》,北京大学 出版社 2009 年版。

[82] 张玉台:《中国知识产权:战略转型与对策》,中国发展出版社 2008 年版。

[83] 工业和信息化部中小企业司:《国外中小企业政策对比研究》,机 械工业出版社 2009 年版。

[84] 规划:《我国发明专利申请年度受理量超过 50 万件》,《中国发明 与专利》2012 年第 2 期。

[85] 范晓波:《中国知识产权管理报告》,中国时代经济出版社 2009 年版。

[86] 李金:《知识产权——我国企业的软肋及其改进的路径》,《世界 贸易组织动态与研究》2008 年第 10 期。

[87] 胡神松:《企业技术创新与专利战略研究》,硕士学位论文,武汉 理工大学,2006 年。

[88] 李建伟、许唤召:《河南省企业专利战略典型事例剖析》,《河南 科技》2003 年第 11 期。

[89] 万兴亚:《长春市企业知识产权建设的现状与推进机制》,《长春 市委党校学报》2009 年第 2 期。

[90] 乔占友:《我国中小企业知识产权建设的推进对策研究》,硕士学

位论文,东北师范大学,2008年。

[91] 史豪慧:《中小企业品牌建设的模式及选择》,《市场论坛》2007年第3期。

[92] 王桂侠:《企业知识产权经营的模式与策略分析》,《新材料产业》2007年第8期。

[93] 王喜媛、叶明、许权利:《高校在产学研合作中的科技成果转化研究》,《科技管理研究》2010年第4期。

[94] 企业知识产权战略与工作实务编委会:《企业知识产权战略与工作实务》,经济科学出版社2007年版。

[95] 蒋正华:《提高自主创新能力,改变经济增长方式》,http://finance.sina.com.cn/hy/20070525/12473630194.shtml。

[96] 孟淑云:《关于贴牌生产的思考》,《商场现代化》2005年第27期。

[97] 童兆洪:《民营企业与知识产权司法保护》,浙江大学出版社2006年版。

[98] 潘金山:《企业技术创新的主要障碍及其解决办法》,《研究与发展管理》2001年第1期。

[99] 规划:《2011年中国发明专利申请和授权年度报告》,《中国发明与专利》2012年第4期。

[100] 傅文园:《知识产权中介机构发展中若干问题探析》,《上海大学学报》(社会科学版)2003年第5期。

[101] 萌芽、曾长虹:《简析我国地方政府促进中小企业技术创新的政策》,《工业技术经济》2007年第5期。

[102] 王芳:《美国知识产权保护的趋势与我国的对策》,《经济纵横》2007年第2期。

[103] 徐明华、包海波:《知识产权强国之路》,知识产权出版社2003年版。

[104] 陈乃醒、傅贤治:《中国中小企业发展报告(2007—2008)——中小企业发展及品牌·专利·商标·竞争力》,中国经济出版社2008年版。

[105] 柯欣:《日本的知识产权战略》,《船艇》2006年第8期。

［106］ 姜晓燕：《日本的知识产权创新战略》，《中国经贸导刊》2007
年第 2 期。

［107］ 冯晓青：《美、日、韩知识产权战略之探讨》，《黑龙江社会科
学》2007 年第 6 期。

［108］ 徐拥军：《长沙市实施城市专利战略的问题与对策研究》，硕士
学位论文，国防科学技术大学，2006 年。

［109］ 喻萌：《技术标准战略的法学视角研究》，硕士学位论文，武汉
理工大学，2006 年。

［110］ 刘钻扩：《韩国知识产权海外维权及启示》，《国际经贸问题》
2008 年第 4 期。

［111］ 黄军英：《印度科技崛起的原因》，《学习时报》2007 年 7 月 2
日第 5 版。

［112］ 王丽丽、姚海明：《印度服务外包发展的经验和教训对我国的启
示》，《国际商贸》2011 年第 10 期。

［113］ 张辉：《知识产权全球化与发展中国家的应对——以中国、印
度、斯里兰卡为例展开的研究》，硕士学位论文，浙江大学，
2011 年。

［114］ 李志军：《美国的知识产权管理、政策及其经验》，《国际技术经
济研究》2003 年第 3 期。

［115］ 熊英：《国外企业知识产权管理借鉴》，《企业改革与管理》2007
年第 9 期。

［116］ 陈纪忠：《日本中小企业的发展及其对我国的启示》，《内江科
技》2007 年第 2 期。

［117］ 薛静：《美国中小企业的发展及其对我国的启示》，《科技情报开
发与经济》2007 年第 13 期。

［118］ 金永红、慈向阳：《日本大学知识产权战略及其对我国大学的启
示》，《研究与发展管理》2007 年第 5 期。

［119］ Mathews，J. A.，"National systems of economic learning：the case
of tecnology diffusion Management in East Asia"，*International of
Technology Management*，2001，22（5/6）.

［120］ 朱榄叶：《印度知识产权发展启示录》，《中国高新区》2008 年

第 2 期。

[121] Tether, B., "Who co-operates for innovation, and why: an empiri-cal analysis", *Research Policy*, 2002, 31 (6).

[122] 肖丽:《浅谈新形势下如何加强知识产权工作》,《科技情报开发与经济》2007 年第 23 期。

[123] 李家道:《地方政府对中小企业的扶持政策研究——以湛江市为例》, 硕士学位论文, 广东海洋大学, 2011 年。

[124] 王经洲:《当代中国弱势群体在公共政策制定中的利益表达渠道与利益采纳机制研究》, 硕士学位论文, 西北大学, 2005 年。

[125] 高桂芬:《教育公平背景下的高校招生政策研究》, 硕士学位论文, 首都师范大学, 2008 年。

[126] Roy Rothwell, "Public Innovation Policy: To Have or to Have not" *R&D Management*, 1986, 16 (1).

[127] 包庆丰:《内蒙古荒漠化防治政策执行机制研究》, 博士学位论文, 北京林业大学, 2006 年。

[128] 王育民:《政策学基础》, 中共中央党校出版社 2005 年版。

[129] 娄成武、魏淑艳:《公共政策学》, 东北师范大学出版社 2003 年版。

[130] 袁红林:《完善中小企业政策支持体系研究》, 东北财经大学出版社 2010 年版。

[131] 张宁:《东北老工业基地中小企业政府扶持政策研究》, 硕士学位论文, 东北师范大学, 2009 年。

[132] 刘春田:《中国知识产权二十年 (1978—1998)》, 专利文献出版社 1998 年版。

[133] 李明义、段胜辉:《现代产权经济学》, 知识产权出版社 2008 年版。

[134] 赖任群:《江西企业专利战略研究》, 硕士学位论文, 南昌大学, 2009 年。

[135] 任媛:《中兴通讯:竞争力源自专利战略》,《知识产权报》2010 年 4 月 28 日第 5 版。

[136]《重视知识产权 发展民族企业——深圳市华为技术有限公司知识

产权管理经验》，《科技与法律》1999 年第 1 期。

[137] 田力普：《发展知识产权事业促进经济社会发展》，《求是》2011
　　　年第 1 期。

[138] 潘峰：《我国中小企业政策缺陷及对策研究》，《科技进步与对
　　　策》2004 年第 8 期。

[139] 万兴亚：《中小企业技术创新与政府政策》，人民出版社 2001
　　　年版。

[140] 中华人民共和国国务院：《国家中长期科学和技术发展规划纲要
　　　（2006—2020 年）》，http：//www. gov. cn/jrzg/2006-02/09/con-
　　　tent_ 183787. htm。

[141] 张翠翠：《中印中小企业政策支持体系比较研究》，硕士学位论
　　　文，天津财经大学，2009 年。

[142] 国务院办公厅：《国务院关于鼓励支持和引导个体私营等非公有
　　　制经济发展的若干意见》，http：//www. gov. cn/zwgk/2005-08/
　　　12/content_ 21691. htm。

[143] 陈法君：《经济法视野下的企业社会责任研究》，硕士学位论文，
　　　天津财经大学，2010 年。

[144] 刘天君：《试论我国民营企业及其法律保护》，《清华大学学报》
　　　（哲学社会科学版）2006 年第 6 期。

[145] 夏琳琳：《我国企业商标国际注册问题研究》，硕士学位论文，
　　　北京工商大学，2009 年。

[146]《国务院关于进一步促进中小企业发展的若干意见》，《中小企业
　　　管理与科技》2011 年第 5 期。

[147] 国家知识产权局、工业和信息化部：《关于实施中小企业知识产
　　　权战略推进工程的通知》，http：//news. 9ask. cn/fagui/jingjifa/
　　　201005/698699. html。

[148] 杨新洪：《民间投资总动员》，《财经界》2010 年第 7 期。

[149] 西安中小企业网：《国务院关于鼓励和引导民间投资健康发展的
　　　若干意见》，http：//www. xasme. cn/bencandy. php？fid-5-id-
　　　2500-page-1. htm。

[150] 国家知识产权局：《全国专利事业发展战略（2011—2020 年）》，

http：//www. sipo. gov. cn/ztzl/ndcs/zscqxcz/2011ipweek/tpstr2011/201104/t20110419_ 598974. htm。

[151] 中华人民共和国国家知识产权局：《专利审查工作"十二五"规划（2011—2015 年)》，http：//www. sipo. gov. cn/gk/gzyd/201203/t20120319_ 654555. html。

[152] 国家知识产权局、国家发展和改革委员会等十部委：《国家知识产权事业发展"十二五"规划》，http：//www. gov. cn/jrzg/2011-10/14/content_ 1970050. htm。

[153] 彭茂祥：《我国知识产权公共政策体系的构建》，《知识产权》2006 年第 5 期。

[154] 刘万飞：《论我国中小企业的知识产权援助》，硕士学位论文，苏州大学，2011 年。

[155] 李欣：《我国知识产权战略探析》，《康定民族师范高等专科学校学报》2009 年第 2 期。

[156] 潘强恩：《政策论》，西苑出版社 1999 年版。

[157] 丁恒龙、王卫星：《日本知识产权制度的变迁及启示》，《科学管理研究》2009 年第 6 期。

[158] 杨培培：《马克思产权理论与西方经济学产权理论比较》，《新乡学院学报》2010 年第 1 期。

[159] 顾旭东：《吉林省全民创业政策体系构建研究》，博士学位论文，东北师范大学，2010 年。

[160] 詹绍芬：《我国中小企业技术创新产权激励机制研究》，硕士学位论文，河海大学，2005 年。

[161] 张海燕：《我国政府干预自主创新的职能定位研究》，硕士学位论文，东北师范大学，2009 年。

[162] 张倩：《知识产权公共政策研究》，硕士学位论文，华中师范大学，2009 年。

[163] 郭驰：《美国知识产权政策借鉴》，《特区实践与理论》2012 年第 3 期。

[164] 王珍愚、单晓光：《日本的知识产权公共政策及对中国的启示》，《财贸研究》2008 年第 6 期。

［165］刘华、孟奇勋：《知识产权公共政策的模式选择与体系构建》，《中国软科学》2009 年第 7 期。

［166］邓仪友：《美、日、韩三国知识产权政策评述》，《中国发明与专利》2008 年第 7 期。

［167］李庆浩：《略论我国民营企业知识产权发展战略》，《法制与社会》2009 年第 4 期。

［168］季颖利：《把握创新文化内涵，积极培育创新文化》，载刘德龙、张华、包心鉴主编《科学发展观：理论·模式·实践——山东省社会科学界 2006 年学术年会文集》（第 4 集），黄河出版社 2006 年版。

［169］尚勇：《简论创新文化》，《光明日报》2006 年 9 月 11 日第 6 版。

［170］吴汉东：《政府公共政策与知识产权制度》，《光明日报》2006 年 10 月 10 日第 9 版。

［171］法律出版社法规中心：《华人民共和国知识产权法律法规全书》，法律出版社 2010 年版。

［172］Freeman，Chris and Lus Soete，*The Economic of Industrial Innovation*（Third Edition），London：Pinter. 1997.

［173］Prabuddha Ganguli，"Intellectual Properly Rights：Mothering Innovations to Markets"，*Patent Information*，2000，22.

［174］齐超：《制度含义及其本质之我见》，《税务与经济》2009 年第 3 期。

［175］国家知识产权局规划发展司：《我国发明专利申请受理量跃居世界第二——初步专利统计年报披露 2010 年中美日欧韩部分统计数据》，《专利统计简报》2011 年第 8 期。

［176］高巍：《大学生知识产权实用教程》，知识产权出版社 2011 年版。

后　记

　　本书是在我的博士论文的基础上修改而成的。我于困惑与纠结中完成了博士论文的写作，思绪万千、感慨万千；终于可以放松一下持续紧绷的心弦，可以稍作平静以整理久已凌乱的思绪。论文完成之际，让我有如释重负之感；但已届不惑之年，学术领域还有诸多不解又令我难以释怀。不敢言我的论文是真正意义上的成功之作，只敢说"我尽力了"。对我而言，这只是学术生涯的开端，路漫漫其修远，必须以此种艰辛激励自己：笔耕不辍，生命不息，学习不止。

　　东北师范大学马克思主义学院张森林教授为我搭建平台，让我有幸能来此攻读博士学位，我心中不止一次地感慨：幸亏张老师没将我的入学专业课考试判死刑，若不然我根本迈不进这道门槛儿，发自内心地感谢给我带来人生转折的张老师！

　　入学之后，我又非常幸运地遇到了一些给予我思想启迪、工作指导、生活关怀的老师。虽然简单的"感谢"一词在几年来老师们的谆谆教导面前显得苍白无力，但在这里能够表达我心声的依然绕不过"感谢"二字。

　　由衷感谢我的导师万兴亚教授。导师高尚的师道品格、渊博的专业学识、严谨的治学学风、踏实的工作作风、乐观的生活态度令我受益匪浅，是我学习的楷模。读博期间，导师虽然没有用严厉的话语要求我们，但于"不经意"间给我无形的压力，令我不止一次地告诫自己：绝不能懈怠！在论文选题、框架设计、资料收集和篇章布局方面导师都给予悉心指导，恩师的鞭策激励我顺利完成学业，在此向我的恩师表示深深的谢意与真挚的敬意!

本书的完成也得益于汪继福教授、齐晓安教授、孙育红教授和孟宪生教授在我开题时所给予的诚恳修改建议和热情帮助,谢谢各位老师指点迷津!

求学期间结识了一批共患难的同门师兄妹,他们是岳武、王丹、张军、伊全胜、高巍、崔菁菁、周晶,能够与同门师兄妹结下深厚友谊实乃我今生又一幸事。我们谨遵恩师教诲,精诚协作、共渡难关,师兄妹们对我总是有求必助,令我深深感动,真心感谢他们!同时,对给予我关怀和帮助的东师的年景老师及我的同事和朋友们也表示感谢;本书撰写过程中参阅并吸收了一些前辈专家学者们的研究成果,在此一并致谢。

我还要感谢能够默默支持我、为我担当更多家庭琐事的家人们:公婆、父母、妹妹全家及我的爱人。在我求学期间,公婆和妹妹、妹夫为我分担了很多照顾孩子的重任,我的父母给予我精神上的鼓励,我的爱人承担了很多家务,给予我很多理解与宽容,指导孩子学习并与孩子共娱乐。为他们能够为我的儿子提供快乐健康的成长环境表示感谢。我还要感谢我的儿子,尚未成年的儿子表现出的乐观、豁达、开朗、自信着实令我欣慰,更是激励我努力前行的不竭动力!

本书写作及整理书稿的过程中,参考了大量的国内外专著、论文和教材,我已尽量在脚注和参考文献中一一列出,但还会有遗漏。应该说,我是站在这些巨人的肩膀上完成我的写作的。在此,对这些作者表示衷心感谢,亦恳请他们谅解。

吉林师范大学分院王艳舫老师为此书稿整理做了大量工作,中国社会科学出版社的任明编辑对本书的出版给予了大力支持,在此一并表示诚挚的谢意。

赵亚静

2014 年 7 月